AF741472

www.ingramcontent.com/pod-product-compliance
Lightning Source LLC
LaVergne TN
LVHW010052061026
849532LV00004BC/1249

9789358724042

پسپائی

(افسانے)

بانو قدسیہ

Paspaa'ii *(Short Stories)*
by: Bano Qudsia
Edition: July '2024
Publisher :
Taemeer Publications LLC (Michigan, USA / Hyderabad, India)

ISBN 978-93-5872-404-2

9 789358 724042

کتاب	:	**پسپائی** (افسانے)
مصنفہ	:	**بانو قدسیہ**
صنف	:	فکشن
ناشر	:	تعمیر پبلی کیشنز (حیدرآباد، انڈیا)
سالِ اشاعت	:	۲۰۲۴ء
صفحات	:	۱۵۰
سرورق ڈیزائن	:	تعمیر ویب ڈیزائن

فہرست

چھمو

میں نے اسے پہلی بار بیگم صاحبہ کے ساتھ ہی دیکھا تھا اور بیگم صاحبہ سے میری ملاقات ایک دن اتفاقاً ہو گئی تھی۔

رات کا وقت تھا۔ ہم سب سونے کی نیاری کر رہے تھے۔ گرمیوں میں یہ تیاریاں بڑی طول طویل ہوتی ہیں۔ بستر باہر نکالے جاتے ہیں۔ گھڑوں میں پانی بھرا جاتا ہے۔ پنکھوں کی تلاش ہوتی ہے۔ مسہریاں تانی جاتی ہیں اور پھر بھی نیند ہے کہ کسی خوش قسمت ہی کی آنکھوں میں بسرام کرتی ہو گی۔

میں اپنا دوپٹہ بانہوں پر لپیٹے پڑی تھی کیونکہ مچھروں کا دستہ بار بار یورش کر رہا تھا اور گرمی کا یہ عالم تھا کہ چادر اور مسہری میں دم گھٹتا تھا۔ امی قریب ہی جائے نماز بچھائے نماز پڑھ رہی تھیں۔ وہ تھوڑی تھوڑی دیر بعد پنکھی اٹھا لیتیں۔ دوپٹے سے گردن پونچھتیں اور پھر بڑی بد دلی سے سر جھکا کر نماز پڑھنے لگتیں ـــــ یہ وقت کسی کو ملنے کا نہ تھا لیکن کبھی کبھی اچانک کسی ایسے انسان سے ملاقات ہو جایا کرتی ہے جیسے کوئی ستارہ گھومتا پھرتا آپ کے محور پر آنکلا ہو۔

کار کی بتیاں پھاٹک پر لہرائیں پھر انجن بند ہو گیا اور پھر اپنا آپ دھکیلتی ہوئی کار پورچ

میں کھڑی ہوگئی۔

میں اپنا پھٹا ہوا دوپٹہ بازو پر لپیٹتے ہوئے اٹھی اور سیلی لان پر آہستہ آہستہ چلتی پورچ کی طرف چل دی۔ آپی کار سے باہر نکل کر کھڑی تھیں لیکن ابھی تک وہ شیشے میں منہ دیے اندر کسی سے باتیں کیے جا رہی تھیں۔ ان کا متوازن، بھرا ہوا جسم ساڑھی میں نمایاں نظر آ رہا تھا اور اونچی ایڑی کے باعث وہ بہت لمبی لگ رہی تھیں۔

"بالی! — دیکھو تمہیں کون ملنے آیا ہے؟"

"کون آیا ہے؟ —" میں نے سرگوشی کی۔

کار سے کوئی بھی برآمد نہ ہوا اور چونکہ شیشوں پر سبز پردے تھے اس لیے میں کچھ بھی اندازہ نہ کر سکی کہ اندر کون ہو سکتا ہے؟

"بالی: — پہلے پردہ کر دالو۔ پھر یہ نکلیں گی۔" آپی بولیں۔

"لو بھئی آپی! یہاں کون ہے۔ کمال کرتی ہیں آپ بھی!" میں نے اِدھر اُدھر نظر دوڑا کر کہا۔

"پھر بھی دیکھ لو۔ کوئی نوکر بھی نہ ہو۔"

میں نے کار کا دروازہ کھولا اور اندھیرے میں ایک ہیولے سے بولی: "بے فکر رہیے یہ جگہ آدم بو سے پاک ہے۔"

اندر سے کپڑے سرسرانے کی آواز آئی تو بے چارہ ڈرائیور منہ لٹکا کر چل دیا۔ میں نے ایک نظر اس پر ڈالی۔ اس میں کوئی ایسی بات نہ تھی کہ عورتوں کے قلب کی حرکت بڑھ جاتی!

"وہی بیگم صاحبہ ہیں جن کا ذکر میں نے تم سے کیا تھا۔" آپی نے آواز لگا کر مجھ سے تعارف کروایا۔

"اچھا آ — آ —" میں ذہن پر زور دیتے ہوئے بولی۔

بیگم صاحبہ نکلیں۔

ان کا ہجوم ان کی امارت کی گواہی دیتا تھا۔ ان کے کپڑوں میں نفاست تھی اور زیور گو پرانے فیشن کا تھا لیکن جس تکلف سے انھوں نے پہن رکھا تھا، یوں لگتا تھا گویا ابھی دکان سے آیا ہے۔ ان کی چال مدھم، لب و لہجہ شیریں اور گفتگو دھیمی تھی۔

آپا نے باہر ہی بیٹھنا مناسب سمجھا، سو ہم سب بستروں کی طرف چل دیے۔ بیگم صاحبہ بڑے تکلف سے ایک کرسی پر بیٹھ گئیں اور ہم دونوں حسبِ عادت چارپائیوں پر نشست جما کر بیٹھ رہیں۔

چارپائیوں پر بیٹھنا ایک فن ہے۔ ہماری آدھی زندگی ان ہی پر گزرتی ہے اور جو آدھی باقی رہ جاتی ہے اس کا چوتھا حصہ بھی ہم ان ہی پر لیٹ کر، بیٹھ کر، اکڑ کر ڈیں بدل کر کاٹ دیتے ہیں ـــــ چادروں پر سالن کے داغ ہوتے ہیں۔ سیاہی کے دھبے ہوتے ہیں۔ مٹی اور دھول کی افشاں ہوتی ہے اور تکیوں پر نہ صرف تیل ہی کا بڑا سا چٹاخ نظر آتا ہے بلکہ عموماً آنسوؤں کی ہلکی سی نمی بھی داغ چھوڑ جاتی ہے

چارپائیاں اور بستر ہمارے کلچر کی ایسی رسیدیں ہیں جن پر ان گنت لوگ مہریں ثبت کرتے ہیں۔ ان پر بیٹھنا آسان نہیں ہوتا۔ پیٹ میں کئی بل پڑ جاتے ہیں۔ ٹانگیں تھوڑی دیر بعد یقیناً سو جاتی ہیں اور آدھ گھنٹے کی بیٹھک میں کئی پینترے بدلنے پڑتے ہیں کندھے جھکے رہتے ہیں اور گردن میں خم پڑ جاتا ہے ـــــ لیکن جو چارپائیوں کے عادی ہیں انہیں کرسیوں میں کبھی سکھ نہیں ملا۔

"باجی! بیگم صاحبہ کئی دن سے کہہ رہی تھیں لیکن آج جانے انہیں کیا سوجھی کہ ارادہ کرتے ہی چل پڑیں۔"

"بڑی نوازش ہے ان کی"۔ میں نے جواب دیا۔

"نوازش کاہے کی؟ ہم تو آپ جیسے لوگوں کی زیارت کو بڑی دُور دُور سے

آتنے ہیں" بیگم صاحبہ بولیں۔

اس جملے میں نہ تو سچ تھا نہ ہی بناوٹ تھی۔ یوں لگتا تھا کہ انہیں ایسے جملے ادا کرنے کی عادت تھی۔

"بلی! نواب صاحب سے اجازت لینا کوئی آسان کام نہیں ہے" آپی نے ابرو اٹھا کر بات کی۔

"نہیں جی! ـــــ نواب صاحب تو کچھ نہیں کہتے۔ میں نے ہی کبھی اصرار نہیں کیا"

"چلیے۔ ہمارے ہی بھاگ بھلے ہیں کہ آپ نے زحمت گوارا کی"

جب امی اٹھیں اور باتوں میں روانی آگئی تو میں نے بیگم صاحبہ کا غور سے جائزہ لیا ـــــ!

ان کی موٹی موٹی آنکھیں شربتی تھیں اور انہیں ان کے پھرانے اور ادا سے بند کرنے کا ڈھنگ آتا تھا۔ بات کرتے ہوئے بڑے آرام سے اپنے ہونٹوں پر زبان پھیرتیں، نگاہوں کو جھکاتیں اور پھر ذرا سا گردن کو خم دے کر اپنے جملے کے آخری الفاظ بالکل مدھم کر دیتیں۔

بیگم صاحبہ اپنی جوانی میں بڑی قیامت ہوں گی۔ وہ چُنّت کیے ہوئے دوپٹے اوڑھتی ہوں گی۔ کمر پر کسی ہوئی پشوازیں پہنتی ہوں گی۔ ان کی چال میں ٹھوکریں اور ان کی باتوں میں حلاوی کھجوروں کا رس ہوگا! ـــــ اب بھی جبکہ ان کا بڑا لڑکا فسٹ ایئر میں پڑھ رہا تھا اور چھوٹا لڑکا جاجی چوتھی میں تعلیم پا رہا تھا ان کی آن بان ایسی تھی گویا کسی نئی نویلی دلہن کو اس کے شوہر کے بھولا ڈ پیار نے بگاڑ رکھا ہو۔

شربت کا گلاس ہاتھ میں گھماتے ہوئے انھوں نے آپی سے کہا:

"دیکھیے۔ میری نوکرانی اور اس کی بچی کار میں بیٹھی ہیں۔ انہیں بھی بلا لیجیے"

جب نوکرانی آئی تو ساتھ رینگتی ہوئی چھمو بھی آئی۔

اگر بیگم صاحبہ ہمارے ہاں نہ آتیں تو میں اس چھمّو کو کبھی نہ مل سکتی جسے دیکھ کر احساس ہوتا تھا، نسوانیت نے بچپن کا روپ دھار رکھا ہے۔ چھمّو چار سال کی بچی ہوگی۔ اس کی آنکھیں گرد و پیش کا جائزہ لیتے ہوئے بھی کچھ نہ سمجھ رہی تھیں۔ اس کا دہن یوں کھلا تھا، جیسے کوئی ٹرنک بند کرنا بھول گیا ہے ——— یہ دہن شاید ہمیشہ ہی سے کھلا تھا۔ دونوں جانب ہونٹ لٹکے ہوئے بہنگی کے سرے بوجھ سے بوجھل۔ اس کی چال میں بچوں کی بے سمجھی نہ تھی بلکہ نسوانیت کا سا عزم تھا۔ میں نے بہت سی بچیاں دیکھی ہیں لیکن چھمّو چھمّو ہی تھی۔ میں نے معصومیت اور چکنے پن کا ایسا مجموعہ پھر کبھی نہیں دیکھا۔ اس نے بوسیدہ امریکن فراک میں سے بنایا ہوا لمبا گرتا پہن رکھا تھا جو ٹخنوں تک پہنچ کر کونوں سے یوں اٹھا ہوا تھا کہ دونوں جانب فراک نما گولائیاں ابھر آئی تھیں۔ اس کے ناخنوں پر پرانی پالش تھی۔ بالوں میں ربن کی جگہ ایک کترن سی اٹکی ہوئی تھی اور کانوں میں ذرا ذرا سی سونے کی بالیاں تھیں چھمّو کو دیکھ کر کسی ایسی بچی کی گڑیا کا خیال آتا جس پر اپنی گڑیا کو سنوارنے کے دورے پڑتے ہوں۔ یوں لگتا تھا کبھی تو چھمّو پر نوازشوں کے ڈھیر لگ جاتے ہیں اور کبھی وہ محض سبتو نوکرانی کی لڑکی بن کر گوشے کھدروں میں چھپتی پھرتی ہے۔ وہ ایک ہی ماحول میں رہنے کے باوجود کچھ جھنجوڑی ہوئی سی نظر آتی تھی۔ یوں محسوس ہوتا تھا کہ آج تو دن بیگم صاحبہ کی گود میں ہمکتی ہے اور کل میراثن کی گندی بچی کے ساتھ باسی ٹکڑوں پر پھینک دی جاتی ہے۔ شاید اسی قسم کے رویے نے اس کی آنکھوں میں ایک مستقل سوال چھپا رکھا تھا۔ وہ آنکھیں جنہیں دیکھ کر ایسا تالاب یاد آتا جو پاتال تک گہرا ہو اور جس میں دور تک درخت ہی درخت کلپتے ہوئے نظر آئیں۔ ان ہی آنکھوں کو پورا کھول کر وہ پوچھتی تھی میں کون ہوں؟ ——— بولو نا۔ میں کون ہوں؟

سبتو نوکرانی تو بالکل بے لیپ کا کوٹھا نظر آئی۔ چھمّو کو اپنی گود میں لے کر بیٹھ گئی۔ میں نے مسکرا کر اسے بلایا تو وہ مارے باندھے اٹھ کھڑی ہوئی۔ میں نے ہاتھ پھیلایا تو وہ

میری طرف رینگنے لگی۔ شاید وہ التفات کے معنی جانتی تھی۔

'کہو چھمّو! پڑھتی ہو؟' میں نے اس کے گرد آلود سنہری بالوں پر ہاتھ پھیر کر کہا۔

چھمّو نے دائیں بائیں بڑا سا سر ہلا کر نفی میں جواب دیا۔

"کیا نام ہے چھمّو؟"

چھمّو نے پہلے ماں کی جانب دیکھا۔ پھر بیگم صاحبہ کی طرف اپنی نگاہیں اٹھا کر سر جھکا لیا۔

'کیا نام ہے چھمّو۔ بتاؤ ناں نسیم بانو ـــ' ستّو بولی۔

مردار مچھلی کا منہ کھلا کا کھلا رہ گیا۔

'نسیم بانو نام ہے کیا؟' میں نے چھمّو سے پوچھا۔

اس نے نگاہیں اٹھا کر میری طرف دیکھا اور پھر نظریں جھکا کر اثبات میں سر ہلا دیا۔

'نسیم بانو اس کا نام میں نے رکھا ہے۔ اس ستّو نے تو زینب بی بی رکھا تھا لیکن میں نے کہیں پکار دیکھا تو تب سے میری تمنّا تھی کہ کسی لڑکی کا نام نسیم بانو رکھوں ـــ مجھے تو اللہ میاں نے لڑکی دی نہیں اسی لیے میں نے اس کا نام رکھ لیا ہے۔ کیوں بالی! بے نا وہی صورت؟' ـــ بیگم صاحبہ نے پوچھا۔

'جی! ـــ بڑی پیاری صورت ہے۔' میں نے بیگم صاحبہ کا جی رکھنے کی خاطر کہہ دیا لیکن میں چھمّو کی صورت سے متاثر نہ ہوئی ـــ چھمّو اگر خوب صورت بچوں میں گھری ہوتی تو بھی قابلِ توجہ ہوتی۔ اس کی وجہ اس کے سُورج سے بال نہ تھے۔ اس کی وہ آنکھیں نہ تھیں جن میں قدرتی سُرمے کی تحریریں جگلا رہی تھیں بلکہ اس کی وجہ صرف یہ تھی کہ چھمّو، اپنے لیے ایک معمّہ تھی اور وہ یہ معمّہ ہر ملنے والے کو اسی خلوص سے پیش کرتی تھی جس خلوص سے وہ حیات کی ڈگر پہ گامزن تھی ـــ وہ بیگم صاحبہ کی کائنات میں اپنا مقام پیدا کرتی ہوئی

الجھ گئی تھی اور اسی لیے پوچھتی پھرتی — میں کون ہوں ؟ — میں کون ہوں ؟ — اس کا وجود مجسم سوال بن کر پوچھتا اور دہن مایوس ہو کر تھک جاتا اور کہتا — کوئی نہیں جانتا! — کوئی نہیں جانتا!!

"منہ بند کرو چھوٹو رانی" — میں نے اس کے دہن کو دونوں انگلیوں سے بند کرتے ہوئے کہا۔

چند لمحے اس کے ہونٹ آپس میں پیوست رہے اور پھر آپ ہی آپ بغیر گوند کے لفافہ کی طرح کھل گئے۔

"منہ بند رکھو ناں — سب تو ملکاری۔

"پتہ نہیں اس کا منہ کیوں کھلا رہتا ہے — پتہ ہے آپی! یہ پچھلے سال گر گئی تھی۔ سر سے گھنٹوں لہو جاری رہا۔ میرا خیال ہے اسی کی وجہ سے سر کمزور ہو گیا ہے۔ باتیں تو بہت کرتی ہے لیکن وہ پہلی سی تیزی نہیں رہی — "بیگم صاحبہ بولیں۔

"ہاں صاحب! کبھی کبھی مجھے بھی شبہ ہوتا ہے کہ بات سمجھ نہیں رہی" سبز نے ماں کے تردد بھرے لہجے میں کہا۔

"خیر ڈاکٹر کے پاس کل بھجوا دیں گے — لیکن کیسی جیتی جاگتی آنکھیں ہیں —" آپی بولیں۔

یہ چھوٹو سے میری پہلی ملاقات تھی۔

دراصل یہ ملاقات بیگم صاحبہ کے طفیل ہوئی، اس کا ذکر میں پہلے بھی کر چکی ہوں اور بیگم صاحبہ سے ملنا آپی کی بدولت ہوا۔ آپی اور ان کا بہت گہرا بہناپا تھا۔ اسی لیے انہیں مجھے دیکھنے کا اشتیاق ہوا اور میں انہیں ملنے کی مشتاق ہوئی۔

بیگم صاحبہ اپنے کالے کلوٹے نواب صاحب کی چہیتی بیوی تھیں۔ ان کے حرم میں ان گنت نوکرانیاں تھیں۔ ان کے سکھ کے لیے ہر ایک ہاتھ باندھے پھرتی تھی۔ صحن میں نواب صاحب

نے بجلی کا پنکھا لگوا رکھا تھا۔ سارا سارا دن چھڑکاؤ ہوتا۔ ذرا وہ کروٹ بدلتیں۔ ہائے کرتیں تو ڈاکٹر کے لیے گاڑی روانہ کر دی جاتی —— ذرا ان کا جی پریشان ہوتا تو نواب صاحب دبے پاؤں قریب آتے۔ پھر پاس بیٹھ کر پہروں درود پڑھتے اور پانی دم کر کے بس ایک گھونٹ پی لینے پر اصرار کرتے نظر آتے۔

انہیں اپنی چہیتی بیوی سے بہت محبت تھی۔ یہ اور بات ہے کہ کبھی کبھی ستو اور کبھی مہراتن کے ہاتھوں میں اچانک سونے کی انگوٹھیاں جھلملانے لگتیں۔ ان کے بدن پر ریشمی بنیانیں اور بالوں میں پلاسٹک کے کلپ جگمگاتے اور وہ کسی منہ زور گھوڑی کی طرح بے قابو ہو جاتیں —— لیکن ان گستاخیوں کے باوجود نواب صاحب مٹھار کر بیگم صاحبہ سے کہتے:

"چلو اپنی رعیت ہے۔ گھر سے کیا نکالیں!"

لیکن ایسے واقعات بہت کم ہوتے تھے اور ایسی بدنظمی عموماً تب پھیلتی جب بیگم صاحبہ میکے چلی جاتیں یا ہسپتال میں ہوتیں ورنہ زنانے میں بیگم صاحبہ کا راج تھا۔ یہاں کے اصول وہی مرتب کرتی تھیں۔ یہاں نہ کوئی پردھان منتری تھا نہ صلاح کار۔ سب کچھ بیگم صاحبہ تھیں اور خوب تھیں۔

چند دنوں بعد آپی کے اصرار پر بیگم صاحبہ کے نیاز حاصل کرنے گئی۔

اونچی اونچی قلعے ایسی دیواروں کے پاس کار رک گئی۔ بڑا سا لکڑی کا پھاٹک آدھا کھلا تھا۔ دہلیز آمدورفت کے باعث گھس چکی تھی اور کنڈی زنگ آلود تھی۔

آپی بے پروائی سے گزریں تو دہلیز میں لگے ہوئے ایک کیل میں ان کی ساڑھی الجھ گئی۔ پرانی عمارتیں اپنا آپ منوائے بغیر آگے جانے نہیں دیتیں۔

میں نے اس چھوٹی سی ڈیوڑھی پر نظر ڈالی۔ جگہ اندھیری تھی سیلی تھی اور حبس اس کی دیواروں میں مقید تھا۔ چارپائی پر بیٹھی ہوئی ملازمہ کا چہرہ مکڑی کا جالا بن چکا تھا۔ اس

کی ہنسلی کی ہڈی پھٹے ہوئے کرتے سے جھانک رہی تھی اور بوسیدہ کمزور ہاتھوں میں رعشہ تھا۔

اس نے آپی کی طرف دیکھا، مسکرائی اور بولی:

"بیگم صاحبہ سے ملنا ہے سائیں؟"

"ہاں — " آپی آگے بڑھتی ہوئی بولیں۔

"میں ساتھ چلوں"۔ اس نے پوچھا۔

"نہیں۔ بیٹھی رہو۔"

بیگم صاحبہ ایک بڑے پلنگ پر بیٹھی تھیں۔ اوپر بجلی کا پنکھا چل رہا تھا اور پائنتی سنتو بیٹھی ان کے پاؤں دبا رہی تھی۔ صحن کی دیواریں بہت اونچی تھیں۔ پھاندنے کے لیے تو بہت اونچی تھیں لیکن سر پھوڑنے کے لیے بہت موزوں — پکی اینٹ اور سیمنٹ سے بنی ہوئی ان دیواروں کو دیکھ کر کسی ایسے ریچھ کی بانہوں کا خیال آتا تھا جو بستے گھر میں سے کسی عورت کو اٹھا کر لے جاتا ہے اور پھر اس کے پاؤں چاٹ چاٹ کر اسے محصور کر لیتا ہے۔ ان بانہوں کی گرفت سے چھٹکارا ممکن نہ تھا۔ محراب دار کمروں میں اندھیرا تھا۔ دروازوں میں کوئی شیشہ نہیں تھا۔ اونچے اونچے لکڑی کے تختے آپس میں یوں جڑے ہوتے تھے گویا مرگی کے مریض کے دانت بھینچ کر رہ گئے ہوں۔ برآمدہ نما لمبے سے کمرے کے سامنے بیری کا درخت تھا جس کی پرواز کسی آزاد فضا میں نہ ہوئی تھی بلکہ جسے کانٹ چھانٹ کر اس صحن کے قابل بنایا گیا تھا۔

پکے فرش، پکی دیواریں، پکے حجرے، پختہ دروازے، چھوٹی سی کانٹے دار بیری، اور ان سب میں ملکہ وکٹوریہ ایسی عظیم بیگم صاحبہ، کوئی راہِ فرار نہیں۔ کوئی گریز کا راستہ نہیں۔ لیکن میں نے سنا ہے کہ پانی کا بہاؤ رک لو تو وہ اپنا رُخ بدل لیتا ہے لیکن بہاؤ جاری رکھتا ہے۔ اسی حرم سے تین لڑکیاں بھاگ چکی تھیں اور اسی حرم کے متعلق سنا تھا کہ رات کے وقت

عورتیں ڈولیوں میں بیٹھ کر چوری چوری حویلی سے نکلتیں اور صبح جب وہ پلٹتیں تو ان کے ہونٹوں پر پُراسرار مسکراہٹ، جیبوں میں کھنکتے سکے اور آنکھوں میں ٹوٹی ہوئی نیند کا خمار ہوتا۔

بیگم صاحبہ کے پلنگ سے کچھ ہی دُور اسی بیری تلے میں نے چھمّو کو سر جھکائے دیکھا وہ اپنے ہم عمر بچوں سے بہت دور الگ تھلگ کھڑی تھی۔ چھمّو کو بچوں کے کھیلوں سے کوئی سروکار نہ تھا۔ وہ تو پاؤں کے انگوٹھے سے فرش رگڑتی ہوئی بہت دور کی سوچ رہی تھی۔ آج اس کے بال کسی نے بڑے سے تکلف اور بڑے بہت سے بنائے تھے اور ہونٹوں پہ باسی لپ سٹک کی ہلکی سی تحریر باقی تھی۔

"چھمّو!____ نسیم بانو! دیکھو ہم تو اتنی دور سے صرف تمہارے لیے آئے ہیں۔" میں نے دلار سے پکارا۔

"سائیں! یہ کرموں جلی ہے ہی ایسی ____ جو دیکھتا ہے مر مٹتا ہے۔" ستو نے بظاہر چڑھ کر کہا۔

"اچھی صورت کا کون منوالا نہیں ہوتا ____" ایک بڑی بوڑھی نے لمبی سی سانس بھر کر بات کی۔ ان کی تسبیح کے دانے لمحے بھر کو رک گئے جیسے ماضی کی بھول بھلیوں میں اپنے ساتھیوں کی تلاش میں نکلے ہوں۔

"ہاں! سبھی اچھی صورت پر جان دیتے ہیں۔ آپی راجے کو دیکھا ہے ناں آپ نے؟ میرا بڑا لڑکا ہے بالی! وہ اس پر جان چھڑکتا ہے۔" بیگم صاحبہ بولیں۔

"اب لڑکا کہاں لگتا ہے۔ اچھا خاصا معتبر بھائی بن گیا ہے۔" آپی نے کہا۔

"جب بھی اندر آتا ہے چھمّو سے باتیں شروع کر دیتا ہے۔ اس کے لیے ربن لاتا ہے۔ کلپ لاتا ہے اور جانے کیا کیا کرتا رہتا ہے۔" بیگم صاحبہ نے کہا۔

ستو میز پر برف اور شربت سے لدا ہوا جگ رکھ رہی تھی۔ اس کا ہاتھ ذرا سا لرزا اور شربت چھلک کر میری جانب ٹپکا۔

"شوہد سے کسی کام لائق نہیں ہوتے نالائق۔ آپ کے کپڑے تو خراب نہیں ہوئے!"
بیگم صاحبہ نے قہرآلود نظروں سے سبتو کی جانب دیکھ کر بڑی لجاجت سے کہا۔

"نہیں نہیں"۔ میں جلدی سے بولی۔

سبتو نے تشکر آمیز نظروں سے میری جانب دیکھا اور پھر گیلا میز پوش گلاسوں کے نیچے سے نکالنے لگی۔

"دیکھیے ابھی پرسوں کی بات ہے راجا یہاں بیٹھا تھا۔ چھمو اس کے گھٹنے کے ساتھ لگی کھڑی تھی۔ راجے نے پوچھا — "بھلا میں تیرا کون ہوں چھمو — ؟" بیگم صاحبہ نے مسکرا کر بڑے انداز سے بات کی۔

سبتو قریب ہی کھڑی شربت ڈال رہی تھی ایک دم بولی:

"آ زینب! ذرا پانی ڈال۔ میرے سر میں درد ہے — آ —"

"پھر — ؟" آپی نے پوچھا۔

"چھمو بولی۔ "بابا" — راجے نے ہلکی سی چپت ماری اور بولا۔ یوں نہیں کہا کرتے۔ سُنا۔ بول میں تیرا کون ہوں؟" — چھمو پھر بولی۔ بابا!"

"اچھا۔ بابا کہتی ہے راجے کو"؟ آپی نے مسکرا کر کہا۔

"ہاں۔ دیکھو تو سہی۔ اور وہ تو آپ بچہ ہے ابھی۔ بھلا اس کا باپ کیونکر ہُوا — نواب صاحب قریب ہی بیٹھے تھے۔ کہنے لگے۔ "رعیت اولاد ہی ہوتی ہے۔ پھر کیا ہُوا۔ بابا کہتی ہے تو کہنے دو" — نواب صاحب بھی کبھی کبھی بڑی بھولی باتیں کرتے ہیں۔"

جب بیگم صاحبہ نے بقول ان کے زبردستی ہمیں دال ساگ کھانے کے لیے رکھ لیا اور ہمیں مرغن کھانوں سے لدے ہوئے میز پر لا بٹھایا تو میں نے دیکھا۔ چھمو بیگم صاحبہ کے پیروں کے پاس بلی کے ساتھ بیٹھی ہڈیاں چاٹ رہی تھی۔ شاید وہ ہمیشہ یہیں بیٹھتی تھی۔ اس کی آنکھوں میں مفلس بچے کی بھوک نہ تھی۔ محروم بچے کی ہوس نہ تھی۔ بس وہی ایک سوال

تھا — میں کون ہوں ؟

میں کون ہوں ؟

جب ہم واپس لوٹے تو رات کافی جا چکی تھی۔ گرمی اور حبس کے باوجود سارا شہر سو رہا تھا۔ گلی کے کتے بھی مارے آلکس کے اِدھر اُدھر لیٹے غرا رہے تھے۔ چاند ایک بادل کے چھوٹے سے ٹکڑے سے منہ پونچھتا ہوا نظر آتا تھا اور اونچے اونچے کھجور کے درخت اپنی لمبی لمبی انگلیاں پھیلا کر ہوا کے لیے جان توڑ رہے تھے۔ کار فراٹے بھرتی جا رہی تھی۔

'توبہ۔ ان لوگوں کی زندگی بھی کیا ہے' آپی بولیں۔

'ان کے لیے بہت خوب ہے آپی'۔ میں نے جواب دیا۔

'وہ چھمو تمہیں بہت پسند آئی ہے ؟' آپی نے پوچھا۔

'وہ بچی ان دیواروں کے خلاف ایک ہلکی سی صدائے احتجاج ہے لیکن یہ صدا اتنی کمزور ہے کہ جلد ہی ڈوب جائے گی'۔

'اچھا پھر وہی افسانوی جملے — ہاں پرسوں ان کی دعوت پر چل رہی ہو ناں ؟'

'چل پڑیں گے — 'میں نے بددلی سے جمائی لے کر کہا۔

'بھئی ضرور چلنا۔ تمہارے لیے تو میراثنیں بلائی جا رہی ہیں۔ مجرا ہو رہا ہے — ان کی زندگی بھی خوب ہے۔ مجرے اور میراثنیں تو اب افسانوں کی باتیں لگتی ہیں لیکن ان کے ہاں ابھی وہی رنگ ڈھنگ ہیں۔ نواب صاحب بھی خوب رنگیلے ہیں اور اب راجا اُن کے نقشِ قدم پر چل رہا ہے'۔

'جی ؟' میں نے پوچھا۔

'ہاں۔ میں نے سنا ہے چھمو راجے کی بیٹی ہے اور پھر یہ بھی سُنا ہے کہ ستو میں نواب صاحب بھی — لیکن خیر —' آپی نے بڑی شرمساری سے کہا۔ وہ کسی کی بُری بات

بتاتے وقت خود مجرم سی بن جایا کرتی تھیں

میں نے ان کی طرف نظر اٹھا کر نہیں دیکھا۔

بیگم صاحبہ کی ضیافت پر جانا ہی پڑا۔ اوّل تو ان کا خلوص بھرا اصرار ہی تھا۔ پھر اس چھمّو کے بارے میں جو ایک کرید سی مجھے لگ گئی تھی وہ مجھے بار بار ان کے ہاں لے جاتی تھی بڑی سخت گرمیاں تھیں۔ لُو ہر طرف کسی دیوانی عورت کی طرح بھاگتی پھرتی تھی اور سورج کی آب و تاب تو ایسی تھی کہ ہر ایک چیز کندنی نظر آتی تھی۔

بیگم صاحبہ کے وسطی ہال میں پانچ چھ بڑے بڑے پلنگ بچھے تھے اور ان پر لحاف اور رضائی جیسی پھولی پھولی عورتیں بیٹھی تھیں۔ ان کا لباس قیمتی ضرور تھا لیکن اس پھوہڑپن سے پہن رکھا تھا کہ تمام کی تمام بزاز کے گٹھڑ لگتی تھیں۔ پتلی قمیصوں سے نیفے اور پیٹ کی جھلکیاں نظر آتی تھیں اور کھلے پائنچوں میں اڑسے ہوئے پیر پھٹے ہوئے اور غلیظ تھے۔

کچھ ہی فاصلے پر ایک چارپائی کے ساتھ چھمّو چمٹی ہوئی ایک عورت کی باتیں منہ کھول کر سن رہی تھی۔ اس کی آنکھیں اور بھی کشادہ ہو گئی تھیں اور لب اور زیادہ لٹک رہے تھے جس عورت میں چھمّو اس قدر دلچسپی لے رہی تھی اس کا جسم متناسب اور رنگت سانولی تھی۔ بالوں کی پٹیاں کانوں سے چمٹی ہوئی تھیں۔ پان کا لاکھا اور لپ سٹک لبوں پر جمی تھی اور سارے دانت پان کے استعمال کے باعث کھنّی نظر آتے تھے۔ اس کے کپڑے تو سادہ تھے لیکن باتوں میں سادگی نہ تھی کیونکہ جب وہ بات کرتی تو قریب ہی قہقہوں کا ننھا سا بھنور اٹھتا اور بڑے بڑے ہیولے ڈولنے لگتے۔ ان آنکھوں میں جسمانی بھوک اتنی دیر رہی تھی کہ اب پردے پڑنے ناممکن تھے۔ اس نے آنکھ مار کر چھمّو سے پوچھا:

'تیرا بابا کہاں ہے چھمّو۔۔۔':

چھمّو نے نگاہیں اٹھا کر اس دروازے کی طرف دیکھا جو مردانے میں کھلتا تھا۔

کئی معنی خیز مسکراہٹیں ابھریں اور اسی عورت نے بڑی طرحداری سے کہا:

"چھمّو! کیوں اپنے بابا کے پاس کبھی گاؤں نہیں گئی کیا؟"

مسکراہٹیں پھیل کر قہقہہ بن گئیں اور ایک بی بی بولیں ـــ "سنا ہے سب سے نگڑم ہو گیا ہے اس کے شوہر کا۔"

میں نے اس عورت کے متعلق بیگم صاحبہ سے پوچھا تو وہ بولیں:

"اب تو کام چھوڑ دیا ہے لیکن پانچ سال پہلے اس کا بڑا کاروبار تھا اور جیسے ہماری ذاتیں ہوتی ہیں نا؟ اور سیّد ذات سردار ہوتی ہے بالکل ایسے ہی ان لوگوں کی بھی ذاتیں ہوتی ہیں۔ یہ بھی سردار قوم سے تعلق رکھتی ہے یعنی ہزاروں والی ہے روپیہ اٹھنّی والی نہیں ـــ سمجھیں بالی؟"

ہم نے کھانا کھایا تو مجھے چھمّو کی تلاش تھی لیکن ایسی افراتفری میں اس کا ڈھونڈنا مشکل تھا۔ میز پر سیروں بھنا ہوا گوشت دھرا تھا تو کرسیوں میں منوں من کچا گوشت لدا ہوا تھا۔ جب میں ہاتھ دھونے کے لیے اٹھی تو میں نے دروازے کے ساتھ چھمّو کو ایک ہڈی چباتے ہوئے دیکھا۔ اس کے ساتھ ایک خوبصورت سالڑ کا سفید شلوار قمیض پہنے کھڑا تھا اور صرف بالشت بھر اس سے اونچا تھا۔ اس کے دونوں ہاتھ چھمّو کے کندھوں پر تھے اور وہ بغیر باتیں کیے اس کی کشادہ آنکھیں دیکھ رہا تھا۔

وہی عورت پشواز پہن کر اٹھی تو پتہ لگا کہ رشیدہ بائی ہے اور اسی کا مجرا دکھانے کیلیے ہمیں بلایا گیا تھا۔ پاؤں میں گھنگھرو تھے۔ ہاتھوں میں سگریٹ تھا اور آنکھوں میں برسوں کا فنِ پذیرائی۔ قریب ہی فرش پر تین میراثنیں بیٹھی تھیں۔ ایک طبلے پر گیلا آٹا جما رہی تھی اور باقی دونوں آپس میں مشورہ کر رہی تھیں۔

رشیدہ بائی نے کان پر ہاتھ رکھا۔ سگریٹ کا گل جھاڑا اور زمین کو ٹھوکر لگا کر گانے لگی اس کی آواز کھلی اور پاٹ دار تھی۔ ہلکی ہلکی مرکیاں وہ اس خوبی سے ادا کرتی تھی کہ بے ساختہ بڑے بڑے سر ہل جاتے اور عورتیں داد دینے لگتیں۔

میں نے نظر گھما کر اس طرف دیکھا جہاں چھمّو کھڑی اب بھی ہڈی چبا رہی تھی۔ وہی چھوٹا سا لڑکا اس کی بانہہ گھسیٹ رہا تھا۔ چند لمحوں بعد یہ دونوں ہماری چارپائی کے ساتھ آ کر کھڑے ہو گئے۔ بیگم صاحبہ نے بچے کے سر پر پیار دیا اور ہولے سے بولیں:

"یہ محمود ایاز کی جوڑی ہے۔ یہ میرا لڑکا ہے باقی۔ چوتھی جماعت میں پڑھتا ہے خالہ جان کو سلام نہیں کیا حاجی؟"

لڑکے نے میری جانب دیکھا۔ شرما کر آنکھیں جھکا لیں اور آہستہ سے بولا۔ "کیا تھا جی لیکن انھوں نے سُنا نہیں"۔

"آؤ بیٹھو۔" میں نے اس کے لیے اپنے قریب جگہ بناتے ہوئے کہا۔

اس نے میری طرف دیکھا۔ پلنگ پوش درست کیا اور پھر چھمّو کو اٹھا کر میرے ساتھ بٹھا دیا۔ چھمّو نے ہولے سے میرے کندھے کے ساتھ اپنا سر لگا لیا اور چند لمحوں کے لیے اس کی آنکھوں میں معمولی بچوں کی سی معصومیت آ گئی۔

ہر حرم میں شاید دل بستگی کے وہی سامان ہوتے ہیں۔ یہاں سبھی لڑکیاں شادی سے پہلے گڑیاں کھیلتی ہیں۔ یہاں طوطے پلتے ہیں۔ ہرنیاں طول پھرتی ہیں۔ ناچ گانا ہوتا ہے۔ مرغن غذائیں کھائی جاتی ہیں۔ ایک بانکی سی لڑکی نے میرا ہاتھ تھام کر کہا:

"آؤ آپا میں تمہیں اپنی گڑیا کا جہیز دکھا کر لاؤں"۔

جب میں بڑے نزدے سے بنایا ہوا جہیز دیکھ کر پلٹی تو رشیدہ باجی کا رنگ خوب سرخ ہو رہا تھا محفل پر حال کی سی کیفیت طاری تھی لیکن کچھ ہی دور طوطے کے پنجرے کے پاس چھمّو اور حاجی ایک دوسرے کے گلے میں بانہیں ڈالے کھڑے تھے اور جانے کیا سوچ رہے تھے۔ چھمّو کا منہ کھلا تھا اور حاجی کی آنکھیں کشادہ ہو کر رہ گئی تھیں۔

یہ بڑا تھکا دینے والا دن تھا اور بڑی لمبی بور کرنے والی دعوت تھی۔ اس کے بعد میں ایک مہینہ بیگم صاحبہ کے ہاں نہ گئی اور اس ماہ کے گزرتے ہی امّی نے ایک دن آ کر یہ خبر

سنائی کہ ان کا تبادلہ گجرات ہو گیا ہے۔ سامان بٹورتے باندھتے مجھے یہ بھی بھول گیا کہ کوئی بیگم صاحبہ بھی ہیں اور ان کے صحن میں ایک مجسم معمہ چھمو بھی رواں دواں ہے۔

کتنے سارے سال یونہی گزر گئے اور مجھے کبھی آپا کے پاس جانے کا اتفاق نہ ہوا۔ لیکن پچھلے سال پورے دس سال کے بعد میں آپا کے پاس چھٹیاں گزارنے گئی تو ایک دن وہ مجھے اپنی بیگم صاحبہ کے پاس لے گئیں۔

بیگم صاحبہ کا دیواروں سے گھرا ہوا حویلی نما مکان ویسا ہی تھا۔ اس میں نوکرانیوں کی چلت پھرت اسی طرح تھی۔ وہی مرغن کھانے، وہی بیری کا درخت تھا، وہی آنگن کا پنکھا تھا۔ مگر بیگم صاحبہ کے بال بیشتر سفید ہو چکے تھے اور وہ پلنگ پر لیٹی ہوتی تھیں۔ مجھے دیکھتے ہی انھوں نے گلہ آمیز لہجہ میں کہا:

"یہ آپ کی اچھی بہن ہے کبھی ہماری سار ہی نہیں لی"۔

"جی یہ ایسی ہی بھولن ہار لڑکی ہے مجھے بھی تو خط تک نہیں لکھتی"۔

معاً مجھے چھمو کا خیال آ گیا اور میری نگاہیں اسے تلاش کرنے لگیں لیکن صحن میں ویسی کوئی صورت نظر نہ آئی — کچھ ہی دور ایک پلنگ پر ہماری جانب پشت کیے ایک لڑکی لیٹی تھی لیکن اس نے منہ پر دوپٹہ لے رکھا تھا اور یوں لگتا تھا جیسے عرصے سے اسی پلنگ پر اسی طرح لیٹی ہے۔

باتوں میں گھنٹہ یوں ہی گزر گیا اور شاید بہت سا وقت گزر جاتا اگر کراہنے کی آواز سنائی نہ دیتی۔ دھیرے دھیرے یہ کراہٹ بلند ہوتی گئی۔ پھر اسی لڑکی نے اپنی مٹھیاں بھینچ لیں اور کروٹیں بدلنے لگی۔ آہستہ آہستہ یہ کروٹیں لوٹنیاں بن گئیں اور اس کے ہونٹوں سے ایک ہی جملہ صدا بن کر نکلنے لگا:

"ہائے میری ماں میں مرتی ہوں — میری ماں میں مرتی ہوں اور تمہیں خبر بھی نہیں —"

اس کے بھورے بال تکیے پر بکھر گئے۔ آنکھوں کی پتلیاں پھیل گئیں اور وہ کسی دیوانی عورت کی طرح ہیبت ناک نظر آنے لگی۔

بیگم صاحبہ نے ناک بھوں چڑھائی اور پکاریں:

'او ستو آ۔ اپنی لاڈو کو دیکھ۔'

ستو آئی۔ میں نے دیکھا وہ عورت وقت سے بہت پہلے بوڑھی ہو چکی تھی۔ خوبصورت تو وہ کبھی تھی ہی نہیں لیکن اب تو کسی جلی ہوئی لکڑی کی یاد دلاتی تھی۔ وہ پلنگ کی پائنتی بیٹھ کر لڑکی کے پاؤں دبانے لگی۔

'ہاں! شاید آپ کو یاد نہ ہو۔ یہ چمکو ہے۔ اچھی بھلی لڑکی تھی۔ میں تو اپنے ایک مزارعے سے اس کی شادی بھی کرنے والی تھی۔ اب یہ بیمار ہو گئی ہے۔ ہسٹیریا کے دورے پڑتے ہیں ___ میں تو کہتی ہوں ___'

'ہائے ہائے ___' میں اٹھتے ہوئے بولی۔

'میں نے راجا اور جاجی سے صلاح کی تھی۔ کہنے لگے ابھی چند سال پڑی رہنے دو۔ صحت اچھی ہو جائے گی تو بیاہ دینا۔ میں تو ان کی کبھی نہ مانتی لیکن نواب صاحب بھی کہنے لگے۔ پڑی رہنے دو۔ تمہارا کیا لیتی ہے۔ سب مکر ہے فریب ہے۔ میں جانتی ہوں یہاں سے نکلنا نہیں چاہتی مردار۔'

بیگم صاحبہ کے ماتھے پر کئی شکستہ لکیریں پڑ گئیں۔

'کیا جاجی اب بھی اس پہ جان دیتا ہے؟ ___ پتہ ہے آپ انہیں محمود ایاز کی جوڑی کہا کرتی تھیں۔' میں نے خواہ مخواہ پوچھ لیا۔

بیگم صاحبہ نے بڑے جلے ہوئے انداز میں کہا:

'یہ کرم جلیاں ہمیشہ اونچی جگہ ہاتھ مارتی ہیں۔ آخر کوئی موری کی اینٹ کو چوبارے میں تو نہیں لگاتا نا؟'

میں چھٹو پر جھکی۔

میں نے اس کے ماتھے پر ہاتھ رکھا۔ ماتھا ٹھنڈا تھا۔ نبضیں ٹھیک چل رہی تھیں۔۔۔
میرے ہاتھ کے لمس کو محسوس کرتے ہی اس نے آنکھیں کھول دیں۔

یہ وہی آنکھیں تھیں جو پوچھے جا رہی تھیں:

میں کون ہوں؟ ـــ بولو نا میں کون ہوں؟ ـــ"

واماندگیٔ شوق

پولی میری سہیلی تھی اور ویسے تو پولی سارے کالج کی سہیلی تھی لیکن وہ مجھ سے بہت مانوس ہو گئی تھی یا یوں سمجھیے کہ مجھے ہی اس سے محبت ہو گئی تھی۔ اس کی انوکھی طبیعت کو میں سمجھتی تھی اور اگر میں کبھی لڑکا ہوتی تو ضرور پولی سے شادی کر لیتی۔ اس کی ٹکٹکی آنکھوں کو ہر گھڑی گردش کرنے سے بچا لیتی۔ اس کے ذہن سے پرانی یادوں کو دھو ڈالنے کی کوشش کرتی لیکن افسوس میں لڑکا نہ ہو سکی۔

پولی درمیانے قد کی دبلی سی لڑکی تھی۔ صاف کھلتا ہوا گندمی رنگ اور ساٹن کی طرح ملائم جلد اسے چٹی گوری کشمیری لڑکیوں میں بھی ایک امتیازی حیثیت بخشتی تھی لیکن پولی کے پاس سب سے خوبصورت چیز اس کی آنکھیں تھیں جن کی طرف ایک بار اٹھا کر دیکھ لیتی وہی اس کا گرویدہ ہو جاتا۔ پھر بھی مجھے تعجب ہے کہ کوئی لڑکا اس کے پیچھے دیوانہ نہ ہوا۔ وہ بڑے اطمینان سے اکیلی سائیکل پہ کالج آتی اور ویسے ہی چلی جاتی۔ اس کی یہی شربتی آنکھیں عموماً غمناک رہا کرتیں اور جب کبھی وہ بل کھا کھا کر دیر تک ہنستی رہتی تو اس کی انہی آنکھوں میں ایکا ایکی موٹے موٹے آنسو لرزنے لگتے۔

خوبصورتی میں یوں تو پولی جمیلہ، شاہدہ اور نینا کے پاسنگ بھی نہیں تھی لیکن اس

کے حسنِ ملیح میں ایک عجیب گرفت تھی جو ہمارے کالج کی کسی اور لڑکی کو نصیب نہ ہو سکی۔ ہر حلقے میں پولی کے متعلق مختلف قسم کی گفتگو ہوا کرتی لیکن ہمارے گروہ میں صرف اسی کا چرچا رہتا اور مجھے تعجب بھی ہوتا کیونکہ پولی نہ تو باتونی تھی اور نہ ہی ایسی دلچسپ کہ لڑکیاں اس کی طرف متوجہ ہوتیں۔ وہ نٹ بال کے کورٹ میں نہ تو جیولن پھینک سکتی تھی اور نہ ہی گردن اٹھا کر اور آنکھیں جھپکا کر فلمی نغمے الاپ سکتی تھی۔ لیکن پھر بھی کالج میں ہر طرف اس کا چرچا رہا۔ اچھا چاہے بُرا۔ اس کا ذکر کالج کی فضا میں کسی تازہ الاپے ہوئے راگ کی مانند گونجتا رہا۔

کالج کے دن جب یاد آتے ہیں تو ہاتھ مل مل کے رہ جاتی ہوں۔ وہ بے فکری اور آزادی اب کہاں۔ وہ لمبے لمبے پروگرام جو ہم مل جل کر بنایا کرتی تھیں، کیا ہوئے؟ وہ سہیلیاں جن کے بغیر دم بھر کو چین نہ آتا تھا اب مدتوں یاد بھی نہیں آتیں اور زندگی ہے کہ گزرے جاتی ہے۔

بی اے کے امتحان کے بعد ہم رو رو کر جدا ہوئیں۔ ایک دوسری کو خط لکھنے کے باقاعدہ زور شور سے وعدے ہوئے اور دو تین مہینے ان کو نبھایا بھی لیکن رفتہ رفتہ یہ خطوط نویسی ایک زحمت محسوس ہونے لگی اور یہ سلسلہ بند ہو گیا۔ کبھی کبھار کسی نہ کسی کی خبر مل جاتی اور ہم مطمئن ہو جاتیں۔

جمیلہ کی شادی ہو گئی اور اس کے ایک دو خطوط سے معلوم ہوا کہ شرمانے کی ادا اس کے نئی روشنی والے خاوند کو بہت بھائی ——— میرے ابا جان مست نیند سے چونک اٹھے اور دو مہینوں کے اندر ہی اندر میرا نکاح کر ڈالا ——— شاہدہ ایم اے کرنے میں مشغول ہو گئی اور افسوس اس کی زبان کا جادو کسی پہ نہ چل سکا۔ پولی اور شکیلہ نہ جانے کہاں چلی گئیں۔ ایسی روپوش ہوئیں جیسے آنکھوں کا سرمہ۔ ان کا سراغ لگانے کی کوشش بھی کی لیکن سچ تو یہ ہے کہ شادی کے بعد ڈھونڈنے کی فرصت ہی کسے تھی ویسے کبھی کبھی مجھے اپنی ہم جماعتوں کا خیال ضرور آ جاتا۔ یونہی سا خیال اور بس ——— اور

میں سوچا کرتی کہ ہماری کلاس میں کیسی مختلف النوع لڑکیوں کا جمگھٹا تھا اور انہی میں پولی بھی تھی جسے شاید آج تک کوئی نہیں سمجھ سکا۔ پولی اپنی ہم مذہب عیسائی لڑکیوں سے کسی قدر مختلف تھی۔ عام عیسائی لڑکیاں اپنے مذہب کا تمسخر اڑاتیں، ہندو لڑکیوں کی تقلید میں بندی لگاتیں۔ چولی پہنتیں اور لڑکوں کے ساتھ دوستی لگانے کو جدید فیشن تصور کرتیں لیکن ان کے برعکس پولی مذہبی قسم کی واقع ہوئی تھی۔ وہ چیپل میں سر جھکا کر دعا مانگتی اور جب سر اٹھاتی تو اس کی آنکھوں میں آنسو تیرتے ہوتے۔ اس کی عقیدت مندی کے پیشِ نظر ہم نے عیسائیت کے متعلق اس کے سامنے کبھی کچھ نہ کہا تھا۔ سادہ قمیض شلوار میں ملبوس وہ ان تمام لڑکیوں سے پیاری معلوم ہوتی جو صبح سویرے پین کیک، غازہ اور لپ سٹک سے منہ رنگ کر قیمتی سوٹ اور رنگین ساڑھیاں پہن کر کالج آیا کرتی تھیں۔ اکثر لڑکیوں کا خیال تھا کہ کم از کم بیس لڑکے تو ضرور پولی کے پیچھے اپنی جان سے بیزار ہوں گے لیکن میں جانتی تھی کہ پولی کا چاہنے والا کوئی نہ تھا اور اس کی وجہ یہی تھی کہ وہ چھچھوری نہ تھی۔ وہ محبت کو ہنسی مذاق یا دل بستگی کا سامان نہ سمجھتی تھی۔

وہ اور میں لوکاٹ کے درخت کے نیچے ہری ہری دوب پر لیٹ کر بہت سی باتیں کیا کرتیں۔ وہ ہمیشہ آنکھیں موند کر غیر مرئی محبت کی ستائش کرتی اور اس جذبہ کو ازل اور ابد کے درمیان اس طرح پھیلا دیتی کہ مجھے یوں محسوس ہوتا جیسے وہ قرونِ وسطیٰ کے کسی ناول کی ہیروئن ہو جس کے لیے کشت و خون ہوا کرتے۔ جس کی خاطر لوگ اپنی جان پر کھیل جاتے۔ جس کی ایک نگاہ کی قیمت ایک جان ہوا کرتی۔

یہ ان دنوں کی بات ہے جب میرے شوہر کی تبدیلی اچانک کراچی ہو گئی اور انہیں جلد ہی وہاں چلے جانا پڑا ان کی روانگی کے بعد دس پندرہ دن کی مہلت ملی جس میں گھر کا سامان بمشکل پیک کیا جا سکا۔ سولھویں دن بمع اپنے تینوں بچوں کے میں بھی کراچی کی

طرف چل دی۔

شام کا دھندلکا باہر چھایا ہوا تھا۔ دن بھر کے سفر کی وجہ سے بچے تھک گئے تھے اور آرام سے اپنی نشستوں پر لیٹے ہوئے تھے۔ اب کوپے میں قدرے سکون تھا۔

یوں تو بچے ایک بہت بڑی معیبت ہیں لیکن سفر میں یہ معیبت ایک آفت بن جاتی ہے جس کا مداوا کم از کم ایک ماں کے پاس تو نہیں ہوتا۔ سفر میں ان کی طبیعت کے ایسے ایسے جوہر کھلتے ہیں جن کا سان گمان بھی نہیں ہوتا۔ گاڑی کے ڈبوں میں ہی ننھے ننھیاں دیوزادوں کا روپ دھار کر نتھنے پھیلائے "آدم بو! آدم بو!" کرتے پھرتے ہیں۔ کچھ ایسے ہی دیو زادوں سے مجھے پالا پڑا تھا اور میں آدم زاد شہزادی کی طرح انہیں دیکھ دیکھ کر کبھی ہنستی اور کبھی روتی تھی۔ اس بے بسی کے عالم میں بھی میں نے ہمت نہیں ہاری اور تھوڑے تھوڑے وقفوں کے بعد ہر ایک کی ٹھکائی کر دی۔ اس مارکٹائی اور چھینا جھپٹی میں ملتان کا سٹیشن آ گیا۔ شام رات سے گلے مل رہی تھی۔ باہر اندھیرا دبے پاؤں رینگ رہا تھا۔ میں نے کھڑکی کا شیشہ اتار کر ایک نظر باہر دیکھا۔ ایسی کئی شامیں ہوسٹل میں چپکے چپکے آتی تھیں اور رات کی اندھیری کھڈ میں اتر جاتی تھیں۔ ایسے لمحوں میں ساری لڑکیاں اپنے دروازوں کے کھٹکے چڑھا کر اپنے اپنے بستروں میں دبک جاتیں اور اپنی بھیگی ہوئی پلکوں کو پونچھے بغیر جالی کی کھڑکیوں سے باہر دیکھنے لگتیں۔ ہر کمرے میں ساون رت آ جاتی مگر جھڑی نہ لگتی۔

آج بھی کچھ ایسی ہی شام تھی مگر یہ ہوسٹل نہ تھا ملتان کا سٹیشن تھا۔ یہ میرا محبوب کمرہ نہ تھا، سبز رنگ کی گاڑی کا ایک ڈبہ تھا۔ یہاں میز کرسیوں پر میری کتابیں نہ پڑی تھیں بلکہ سیٹوں پر تین ٹھن مٹھنے بچے پڑے تھے۔ وہاں سے یہاں تک کوئی لمبا فاصلہ نہ تھا پھر بھی کس قدر دوری تھی۔ کتنا بعد، کتنی مسافت — میں نے اکتا کر شیشہ چڑھا دیا اور کھڑکی کی طرف پیٹھ کر کے بیٹھ گئی۔

کسی نے شیشہ بجایا مگر میں نے توجہ نہ دی۔
"بھئی ذرا دروازہ کھولیے!" آواز گڑگڑائی۔
"کیا مصیبت ہے۔" میں نے ویسے ہی کہا۔ "یہ کوپے ریزرو ہے۔"
لیکن شاید اسے میری آواز سنائی نہ دی اور شیشے پر اسی طرح انگلی بجتی رہی۔ میں نے منہ پھیر کر قہر آلود نگاہوں سے ادھر دیکھا۔
ہائے وہ تو پولی تھی۔ میری پولی۔ سارے کالج کی پولی!
اس نے میری صورت دیکھتے ہی چیخ کر کہا:
"ارجمند —"
دروازہ کھلا اور ہم ایک دوسرے سے لپٹ گئیں۔
بچے گردنیں اٹھا اٹھا کر حیرت سے ہمیں دیکھنے لگے۔ سامنے بیڑی پیتے ہوئے ایک پس فروش نے ہمیں بغل گیر ہوتے دیکھ کر پیار بھری نظروں سے ہمیں دیکھا اور پھر جھک کر تختہ کھجانے لگا۔
اپنا پرس سیٹ پر ڈالتے ہوئے پولی بچوں کی طرف اشارہ کر کے بولی:
"یہ سب تمہارے ہیں ارجی؟"
"ہاں —" میں نے اعتراف کیا۔
"تو تم ان کی تربیت نفسیات کے اصولوں پر کر رہی ہو نا جیسے تم کہا کرتی تھیں۔" اس نے پوچھا۔
"ہاں پولی۔" میں نے ہنستے ہوئے کہا۔
"شادی سے پہلے تو بچوں کی تربیت کے مجھے تین نفسیاتی طریقے یاد تھے۔ اب میرے تین بچے ہیں اور ایک بھی طریقہ یاد نہیں۔"
اس پر پولی ذرا سا مسکرائی اور بڑے تکلف سے سیٹ پر بیٹھ گئی۔

"اور تمہارے بچے کہاں ہیں پولی؟" میں نے اپنی سیٹ جھاڑ کر پوچھا۔

"میرے بچے! ـــــ میری شادی نہیں ہوئی ارجی:" اس نے بڑے آرام سے جواب دیا۔

"یعنی؟ ـــــ"

"آج تقریباً دس سال ہوئے ہیں اس بات کو ـــــ" پولی نے اتنا کہا اور پھر خاموش ہو گئی۔

وہ مجھے اب بھی کالج والی پولی نظر آ رہی تھی۔ ہلکے گلابی رنگ کا سوٹ پہنے۔ کندھوں پر سفید شال ڈالے وہ بالکل چینی گڑیا معلوم ہو رہی تھی لیکن اس کے بال اب ویسے نہیں رہے تھے۔ وہ مکئی کے بھوٹوں کی طرح دھونسے جا چکے تھے اور اس کی جلد میں وہ نمایاں دل کشی نہیں تھی پر اس کی معصومیت میں اب بھی کوئی فرق نہ آیا تھا۔

"پولی شادی کر لو:" میں نے جانے کیا سوچ کر کہا۔

"کیوں ارجی! یہ ذمہ داریاں بہت بھاتیں تمہیں ـــــ؟" اس نے تکیے پر سر رکھ کر پوچھا۔

"میں لیٹ جاؤں ارجی؟"

"ضرور ضرور۔ مجھے تعجب ہے پولی: تم نے شادی کیوں نہ کی:" میں نے پھر سلسلۂ کلام شروع کیا۔

"تم حسین تھیں۔ سمجھدار تھیں۔ گھریلو کاموں میں طاق تھیں ـــــ اور ـــــ"

"پھر بھی میری شادی نہ ہو سکی:"

"کیوں ـــــ؟"

"میں جو کچھ چاہتی تھی وہ مجھے ملا نہیں:"

"تم کیا چاہتی تھیں؟"

"خلوص ـــ مگر شاید مجھے کچھ اور کہنا چاہیے۔ بہرحال میرے واقعات سن لو"۔
"خدا جانے آج تمہیں دیکھ کر دل میں کچھ سوا درد ہوتا ہے"۔
"ارجی! شاید تمہیں یاد ہوگا۔ کالج کی آخری ٹرم میں وہ دبلا پتلا لڑکا ارجن ـــ
وہی نا جس کی آنکھ میں نقص تھا ـــ اچھا تھا بیچارہ"۔
"وہی نا جو ذرا اکڑ اکڑ کر چلتا تھا۔ سُرجیت کا بھائی؟ کھلاڑی تھا شاید"۔
"ہاں ہاں۔ وہی تو میری محبت کا دم بھرنے لگا تھا لیکن مجھے اس کی کوئی بات پسند نہ تھی ـــ اور وہ آرچر۔ وہ لمبا چوڑا جوان، وہ بھی مجھے اچھا نہ لگتا تھا"۔
پولی اپنی انگلی کے ایک چھلے کے ساتھ کھیلنے لگی جس میں چھوٹے چھوٹے یاقوت ریزے جڑے تھے۔
"ارجی! تمہیں کلثوم یاد ہے؟ وہی جس کی آنکھیں بہت پیاری تھیں"۔
"کون سی کلثوم؟" میں نے پوچھا
"وہی جو فرسٹ ایئر میں آئی تھی۔ جسے سب میرا دم چھلا کہا کرتی تھیں ـــ وہی کلثوم جس نے پہلے ہی روز تمہارے کمرے میں بیٹھ کر پیارے پیارے گیت گائے تھے"۔
"ارے ہاں وہی کلثوم نا جس کے بال اندھیری رات کی طرح سیاہ تھے"۔
"بالکل۔ اس کا چچا زاد بھائی دیکھا تھا تم نے؟ مقصود!"
"ہوں۔ ارے ہاں۔ ایمان سے بڑا اسمارٹ لڑکا تھا۔ وہی نا جو گورنمنٹ کالج میں پڑھا کرتا تھا اور کلثوم کے پیچھے دیوانہ تھا۔ ہر ہفتے اسے ملنے بھی آیا کرتا تھا"۔
"ہاں وہی مقصود! جانتی ہو ارجی! وہ کلثوم کو چھوڑ کر میرے پیچھے دیوانہ ہوگیا ـــ اور اس نے اپنی دیوانگی کا ثبوت بھی دے دیا"۔
میں پولی کے قریب کھسک آئی۔
"کلثوم کی سالگرہ پر میں پہلے پہل اس سے ملی تھی۔ وہ باغیچہ میں کلثوم سے ملنے کیلیے

خدا جانے کب سے بیٹھا ہوا تھا اور وہ ہم لوگوں میں اس طرح گھری ہوئی تھی کہ اسے جان چھڑانی مشکل ہو رہی تھی — لیکن ایک موقع ایسا بھی آیا کہ وہ کمرے سے کھسک گئی اور وہ جب دس پندرہ منٹ برابر غائب رہی تو مجھے اسے ڈھونڈنے باغ کی طرف بھی جانا پڑا۔ وہ بنچ پر بڑے اطمینان سے بیٹھی مقصود کے ساتھ باتیں کر رہی تھی لیکن میری آمد پر اسے اپنی خفت مٹانے کے لیے مقصود سے میرا تعارف کرانا ہی پڑا اور ارجی! — مقصود اس بچے کی طرح مجھے گھورتا رہا جس نے گرمیوں میں پہلی بار آئس کریم دیکھی ہو — میں گھبرا گئی — اس کے بعد جب کبھی وہ کلثوم سے ملنے آتا، کلثوم مجھے اپنے ساتھ زبردستی گھسیٹ کر کسی نہ کسی بہانے لے جاتی اور مجھے اس سے ملنا ہی پڑتا — لیکن ارجی! بقول ہم لڑکیوں کے چونکہ میں نے اسے کوئی لفٹ نہ دی اس لیے وہ مجھے HIGH BROW پکارنے لگا۔"

پولی نے ایک ٹھنڈی سانس بھری اور تھوڑی دیر کے لیے خاموش ہو گئی۔

مقصود بیک وقت ایک شاعر اور زمانہ پرست انسان تھا۔ وہ کھلکھلا کر قہقہہ بھی لگا سکتا تھا اور نمناک آنکھوں سے دوسرے کا درد بھی بٹا سکتا تھا۔ وہ ادیب بھی تھا اور سیاسیات کا طالب علم بھی۔ رفتہ رفتہ میں جان گئی کہ مجھے چاہنے کے باوجود وہ میرے لیے کچھ بھی نہ کرنا چاہتا تھا۔ وہ شدت سے چاہ بھی سکتا تھا اور عمل کی راہ میں بیگانہ بھی رہتا تھا — ارجی! — وہ عجیب لڑکا تھا لیکن کس قدر دلفریب، کیسا بھولا بھالا اور کیسا چالاک۔"

پولی ایک بار پھر خاموش ہو گئی۔ بیتے دنوں کی طرف لوٹ گئی۔ اس نے آنکھیں بند کر لیں لیکن میں نے اسے جھنجھوڑا اور کہا:

"اب یہ راز کھول دو۔ یہ تجسس تو مجھے مار ڈالے گا پولی!"

جب اس نے آنکھیں کھولیں تو گلابیاں آپ ہی چھلک گئیں۔ آنسوؤں کے باوجود ان میں عجیب بے رونقی تھی۔ نہ سپنوں کی طرح نہ تو سنولائی ہوئی تھی اور نہ ہی راکھ کی طرح

بجھی بجھی۔ پھر بھی میں نے دیکھا ان میں وہ بات نہ رہی تھی جو کالج میں ہوا کرتی تھی۔ اس نے بڑے تھکے ماندے سے انداز میں کہا:

'بی۔اے کرنے کے بعد میں نے بی ٹی کی اور پھر سرگودھا سیکنڈ مسٹرس ہو کر چلی گئی۔ تقریباً سال بھر ، نہیں ، ڈیڑھ سال وہاں کام کیا۔ پھر میری تبدیلی گورداسپور ہو گئی ــ تم نے گورداسپور دیکھا ہے! چھوٹا سا شہر، بڑا سا قصبہ۔ گرمیوں میں وہاں بڑے دھڑتے سے بارشیں ہوا کرتیں۔ دھرم سالہ جاتی ہوئی ہوائیں وہاں ضرور پھٹ پڑتیں۔ بڑے آم جامن ہوتے تھے وہاں ــ'

ایک ایسے ہی دن جب موسلا دھار بارش ہو رہی تھی۔ میں اور باقی استانیاں بیٹھی آم کھا رہی تھیں کہ مائی میرے پاس ایک چٹ لے کر آئی، لکھا تھا:

'کہاں کھو گئیں تم۔ بڑی مشکل سے ڈھونڈا ہے۔ ابھی آ کر ملو۔ . . .'

اور میں یہ پرزہ اپنی ہمجولیوں سے چھپاتی ہوئی برآمدے میں پہنچی۔ منصور بھیگے ہوئے کپڑوں میں ملبوس ستون کا سہارا لیے یوں کھڑا تھا جیسے ڈیڈی کی بھولی بسری چھڑی کمرے کے کونے میں لگی رہتی ہے۔ اس کی عینک کے دھندلے شیشوں کے پیچھے سے دو دھبے نظر آ رہے تھے۔ شاید یہ اس کی آنکھیں تھیں۔

'ہیلو پولی ــ'

اس نے ہاتھ ایک دم آگے بڑھا کر آہستہ آہستہ پیچھے کرتے ہوئے کہا۔

'کہو منصور! تم کہاں سے ٹپک پڑے ۔'

پھر رسمی باتیں ہونے لگیں۔

کلثوم کا ذکر آیا تو منصور نے ہنستے ہوئے بتایا کہ کلثوم کی شادی ہو گئی ہے اور مجھے بالکل افسوس نہ ہوا اور پھر اس نے ایک دم بڑی جسارت اور لجاجت سے کہا:

'پولی: میرے ساتھ لاہور چلو دو دن کے لیے ــ صرف دو دن کے لیے'

مجھے اس کی یہ بات اس قدر بری لگی ارجی — کہ میں نے تنگ آ کر جواب دیا:
"تم نے مجھے سمجھ کیا رکھا ہے مقصود؟ کیا میں اتنی چیپ ہوں؟"
"وہ سب کچھ جس کی شاید تمہیں خبر نہیں ہے" — اس نے مسکراتے ہوئے

جواب دیا۔

"۔۔۔۔ آخر تم نے ایسی بات کہی ہی کیوں؟"

"جی چاہا۔۔۔۔۔"

"بس مجھے دوبارہ ملنے کی کوشش نہ کرنا۔ جانتے ہو، میں ان لڑکیوں میں سے

نہیں ہوں۔ میں کوئی کھلونا ہوں؟"

اور ارجی! مجھے رونا آ گیا اور میں اسے کچھ کہے بغیر وہاں سے اٹھ آئی۔ مجھے کوئی

ہفتہ بھر اسی بات کا غصہ رہا۔ بار بار میرا جی چاہتا کہ ایک ڈانٹ بھرا خط اسے لکھوں لیکن

چونکہ اس کا پتہ معلوم نہیں تھا اس لیے خاموش رہنا پڑا اور ایک دن وہ پھر اچانک

ٹپک پڑا۔

"پولی! تم جانتی ہو کشمیری لوگ اپنی قوم سے باہر شادی نہیں کرتے — ورنہ —"
"لیکن میں نے کب تم سے فرمائش کی ہے کہ تم مجھ سے شادی کرو؟"

"آخر تمہارے ساتھ مل بیٹھنے کا کوئی طریق تو ہوگا۔ تم میرے ساتھ باہر نہیں جاتیں

خط نہیں لکھتیں۔ کہیں ملنے کا وعدہ نہیں کرتیں۔ سینما نہیں جاتیں۔ آخر میں کیا کروں؟"

"میں کھلونا نہیں ہوں مقصود — اور یہ تمہارے ساتھ پھرنا پھرانا مجھے منظور

نہیں۔ اگر تم میری خاطر دنیا اور خاندان کے خلاف سینہ سپر ہونے کی سکت نہیں رکھتے

تو مجھے کیوں کوستے ہو۔ آخر تمہاری خاطر میں بھی تو بوڑھے باپ سے لڑائی مول لوں گی —

ہے نا — !"

پتہ نہیں میں بے خیالی میں یہ سب ہی کچھ کیوں کہہ گئی۔

"پولی! — پولی!!" اس نے میری باتوں کی شہ پا کر کہا۔

"یہاں برآمدے میں یہ باتیں نہیں ہو سکتیں۔ یہاں نوکر چاکر آتے جاتے ہیں۔ یہاں سکول کی مائیاں چوروں کی طرح دیکھتی ہیں۔ یہاں شاید اب بھی کسی دروازے کے ساتھ لگی تمہاری سہیلیاں تمہاری باتیں سُن رہی ہوں گی — چلو کمپنی باغ —"

"مقصود! پھر وہی بات — سنو! میں کسی مرد کے ساتھ باہر نہیں جاؤں گی۔ بس یہی میرا اصول ہے — اور — اور —"

پولی خاموش ہو گئی۔ نیند کے مارے اس کی آنکھیں بوجھل ہو رہی تھیں۔ میں نے دھیرے سے اس سے کہا:

"پولی! ذرا دیر کے لیے سو جاؤ"۔

"نہیں —" اس نے ایک لمبی سانس بھرتے ہوئے کہا:

"ایسے انسان کا ذکر چھڑا ہے تو اب نیند کہاں۔ اب تو کتھا سنا کر ہی نیند آئے گی — تمہیں دیکھ کر آج سارا زہر اُگل دینے کو جی چاہتا ہے"۔

ہاں تو ارجی! اس کے بعد ہم پھر کئی روز نہ ملے۔ وہ اس دفعہ خفا گیا تھا اور میں نے اسے منانے کی کوئی کوشش نہ کی تھی۔

ایک صبح وہ سکول کے وقت ہی آ گیا۔ میں دسویں جماعت کو پڑھا رہی تھی — ہیڈ مسٹریس کا رقعہ پہنچا اور میں ڈرتی ہوئی دفتر پہنچی۔

"مس اینڈریوز! آپ کے کزن آئے ہیں"۔

اور میں مسکراتی ہوئی اپنے نئے کزن سے ملنے چلی گئی۔

"کیوں آئے ہو تم؟" میں نے یونہی تحکمانہ لہجے میں کہا۔

"پولی! میں تمہارے بغیر زندہ نہیں رہ سکتا"۔ اس نے تپاک سے میرا ہاتھ پکڑتے ہوئے کہا۔

اور میں نے اپنا ہاتھ چھڑانے کی ناکام کوشش کرتے ہوئے کہا:

"مجھے پہلے یہ انگوٹھی پہنانی چاہیے تھی" اس نے شرارت سے میری طرف دیکھتے ہوئے کہا۔

"پولی! یہ ہماری منگنی کی انگوٹھی ہے۔ یاد رہے"۔

"اور ارجی! دیکھو۔ یہ وہی انگوٹھی ہے۔ مجھے ہمیشہ سے یاقوت ریزے پسند تھے یہ سادہ چھلا لعلوں سے جڑا ہوا دیکھتی ہو نا، یہ اسی کی نشانی ہے"۔

میں نے اس انگوٹھی کو غور سے دیکھا۔ مجھے یوں محسوس ہوا کہ اگر وہ چھلا اس کے ہاتھ سے اتار لیا جائے تو وہ ہاتھ بالکل سُونا ہو جائے گا جیسے کسی ہندو سہاگن کا فراخ ماتھا بغیر بندی کے اُجاڑ ہو جاتا ہے۔

ارجی! مجھے مقصود پر بڑا اعتماد تھا۔ میں اس کے ساتھ لاہور چلی گئی۔ اس کے ساتھ لارنس گئی۔ سینما گئی۔ سارا دن انارکلی گھومتی رہی۔ مجھے وہم و گمان بھی نہ تھا کہ وہ بے وفا ہے —— لیکن شاید اسے بے وفا کہنا بھی ٹھیک نہیں —— وہ بے وفائی کی تعریف پر بھی پورا نہیں بیٹھتا۔

اس ہفتے کے بعد جب میں لاہور سے واپس آئی تو ڈیڈی سکول آئے بیٹھے تھے۔ مجھے دیکھتے ہی ان کی آنکھیں غضب سے سُرخ ہو گئیں اور وہ غصے سے کانپتے ہوئے بولے:

"پولی! تم نے منگنی کر لی اور اطلاع مجھے منگنی کے بعد دی۔ خوب!!"

"جی! ——" میں نے اپنی سینڈل کو گھورتے ہوئے کہا۔

"جانتی ہو یہ ہندو مسلمان ہمارے نہیں ہو سکتے۔ ہمارے مذہب ...."

"لیکن ڈیڈی! مقصود تو ایسا نہیں"۔ میں نے دیدہ دلیری سے کہا۔

"یہ تمہارا وہم ہے۔ اس قدر امیر باپ کا بیٹا کیا وفا کرے گا۔ وہ تمہارے ساتھ

کھیل رہا ہے ــــ ابھی کچھ نہیں گیا۔ منگنی توڑ دو۔"

میں رونے لگی تو انھوں نے گھٹنوں کے بل جھکتے ہوئے یسوع مسیح سے دعا مانگنی شروع کر دی:

"اے خدا کے پاک بیٹے! میری لڑکی، گنہ گار لڑکی کو اتنی طاقت دے کہ وہ سچ جھوٹ، کفر اور ایمان میں تمیز کر سکے۔

اے پاک مریم کے پاک فرزند! اپنی اس بھیڑ کو واپس بلا لے۔ یہ ہم سے چھوٹتی جاتی ہے۔"

.... اور راجی! میں نہ چاہتے ہوئے بھی ڈیڈی کے ساتھ زانو پر گر گئی ــــ لیکن میں نے منگنی نہیں توڑی۔

ڈیڈی نے مجھے بہت سمجھایا اور بہت لمبے چوڑے لیکچر دیے۔ انھوں نے مجھ سے بار بار کہا، مقصود تجھ سے شادی نہیں کرے گا۔ وہ محض تجھ سے کھیل رہا ہے اور جب کھیل سے جی بھر جائے گا تو کھلاڑی چلا جائے گا۔

مجھے ڈیڈی کی باتوں پر اعتبار تو نہ آیا لیکن ایک طرح کا کھٹکا پیدا ہو گیا اور جب دوسری بار ہم ملے تو میں نے مقصود سے ساری واردات کہہ دی۔ وہ کچھ گھبرا سا گیا۔ میں نے عجب بے بسی سے کہا:

"مقصود! شادی جلد ہی کر لیں۔ لوگ کیا سمجھیں گے۔ خود میرے ڈیڈی ــــ"

وہ جھلا گیا۔

"آخر تم کیا سمجھتی ہو! شادی بیاہ کھیل تو نہیں کہ کانا اور لے دوڑے۔ مجھے بھی اپنے ان باپ کو منانا ہے۔ اپنی جائیداد سے کیسے ہاتھ دھولوں؟ کم از کم تین سال ــــ"

"میں تین سال انتظار نہیں کروں گی۔" میں نے چیخ کر کہا۔

"تمہیں کرنا ہی ہوگا۔"

"کوئی دھونس ہے ؟"

"ہاں۔ آخر تم میری منگیتر ہو اور پھر —"

مجھے اس کی بات بہت بری لگی اور میں رونے لگی۔ مجھے روتے دیکھ کر اس نے گڑگڑا کر کہا:

"پولی! — پولی خفا ہونے کی کوئی بات نہیں ہے۔ ذرا ٹھنڈے دل سے سوچو تم مجھے ملتی نظر نہیں آتی ہو — اور جس طریق سے ملتی دکھائی دیتی ہو وہ بڑا ٹیڑھا معاملہ ہے۔ یعنی میں اپنے خاندان سے علیحدہ ہو جاؤں۔ اب نہ تم چھوٹتی ہو اور نہ ہی خاندان۔ بتاؤ ہے نا مشکل ؟"

اور وہ آنکھیں میچ کر سوچنے لگا۔ اس کے فراخ ماتھے پر بل پڑ گئے۔ مجھے اس کا تذبذب اس قدر بُرا لگا کہ کیا کہوں ؟

میں نے چھلا اتار کر اس کے قریب رکھ دیا اور بولی:

"منصور! یہ پہلے سوچنے کی باتیں تھیں۔ اب وقت نہیں رہا خیر — خیر مجھے یہ منظور نہیں کہ تم اپنا خاندان چھوڑ دو — اگر میری خوشی منظور ہے تو پھر مجھے ملنے نہ آنا۔"

اور واقعی وہ پھر مجھے ملنے نہ آیا۔

میری تبدیلی راولپنڈی ہو گئی۔ پنجاب کے چٹیل میدانوں سے دور میں پہاڑوں کی وادیوں میں کھو گئی اور وہاں مجھے راجو ملا۔ چھ مہینے کے لیے تو مجھے خود وہم ہو گیا کہ مجھے اس سے محبت ہو گئی ہے۔ میں ہر وقت اس کے متعلق سوچتی رہتی اور اس کی باتیں یاد کیا کرتی۔

لیکن ایک دن اس نے عجیب انداز میں کہا:

"پولی! تم مجھے بے حد پیاری لگتی ہو۔ بے حد! میں بہت بزدل ہوں۔ بے حد بزدل — چاہتا تمہیں ہوں اور شادی رابعہ سے کروں گا۔"

اور اسی دن میری ساری محبت ختم ہو گئی۔ مجھے وہ بھی منصود لگنے لگا لیکن میں راجو سے نفرت کرنے لگی اور منصود کو میں بھولنے کی کوشش کرتی رہی۔

ایک دفعہ میں چھٹیوں میں گھر آ رہی تھی اور سنسان سٹیشن پر میں بنچ پر بیٹھی لاہور والی گاڑی کا انتظار کر رہی تھی کہ میری نگاہ منصود پر پڑی۔ وہ سگریٹ کے دھوئیں اڑاتا ہوا میری طرف آ رہا تھا۔

"کہاں کے ارادے ہیں؟" اس نے میرے پاس آ کر بڑی بے تکلفی سے کہا۔

"جہنم کے!"

"بڑی اچھی جگہ ہے۔" وہ مسکراتا ہوا میرے پاس بیٹھ گیا۔

"میں بھی گرمیاں گزارنے وہیں جا رہا ہوں لیکن اتنا عرصہ کہاں رہیں؟"

"جہنم میں!"

"میں بھی وہیں تھا لیکن تم سے تو ملاقات نہ ہو سکی!"

اور میں اس سے زیادہ دیر خفا نہ رہ سکی۔ مجھے ایسا لگا جیسے وہ میرا مدتوں کا بچھڑا ہوا دیرینہ رفیق ہو جو میرا نہ ہونے کے باوجود بھی میرا تھا۔

ہم دونوں سیکنڈ کلاس کے ڈبے میں اکیلے بیٹھے تھے اور وہ دھیرے دھیرے کہہ رہا تھا:

"پولی! تمہارے بعد نہ جانے کتنی لڑکیوں سے دل لگایا لیکن سچ پوچھو تو وہ بھی تمہاری یاد تازہ کرنے کا ایک بہانہ تھا۔ اس عرصہ میں صرف یہی خیال دامن گیر رہا کہ کہیں پولی مل جائے تو اس سے معافی مانگ لوں اور پھر اس سے منگنی کر لوں اور ـــــ"

"اور پھر توڑ دوں ـــــ کیوں؟"

"ہاں پولی! تم میں وہ کیا بات ہے جو اوروں میں مجھے نظر نہیں آتی۔"

"جھوٹے کہیں کے!"

میں نے بھی سوچا کہ باوجود یکہ راجو اچھا تھا اور اس کا گناہ مقصود سے کم تھا لیکن وہ مقصود نہ تھا۔

لاہور پہنچنے سے پہلے میری انگلی میں پھر وہی چھلا تھا۔ میں پھر اس کی منگیتر تھی اور اس کے ساتھ جا رہی تھی ——

گاڑی ہم دونوں کو کراچی کی طرف گھسیٹے لیے جا رہی تھی۔ باہر سوائے ہماری کھڑکی کی روشنی کے کسی قریبی ڈبے میں روشنی نہ آ رہی تھی۔ رات کا اندھیرا دور دور پھیل چکا تھا اور سوائے گاڑی کی کھٹا کھٹ اور ریل کی دھیمی آواز کے اور کوئی آواز نہ تھی۔ میرے بچے تھکے ماندے کھلاڑیوں کی طرح بے حال سو رہے تھے۔

"اس مرتبہ راجی! ایک عجیب و غریب واقعہ ہو گیا۔ ہم دونوں لارنس گئے۔ وہاں پہاڑی پر ایک سفید گلاب کی جھاڑی کے قریب ہم دونوں بنچ پر بیٹھے تھے۔ مقصود مزے سے سگریٹ پی رہا تھا۔ ہائے کس قدر باتیں کی تھیں اس دن ہم نے۔ چڑیوں کے کاغذی انڈوں سے لے کر ایٹم بم تک! میں بنچ کے ساتھ سر لگائے اس کے ساتھ لگی بیٹھی تھی کہ سامنے والی پگڈنڈی پر ایک ادھیڑ عمر کا جوڑا چکلا آدمی نمودار ہوا۔ اس نے خوف اور غصے کے ملے جلے جذبات میں پکارا:

"مقصود!"

اور مقصود اس طرح کھڑا ہو گیا جیسے پرائمری جماعت کا ڈرپوک بچہ استاد کی شکل دیکھ کر سہم جاتا ہے۔

"یہاں کیا کر رہے ہو؟"

"کچھ نہیں ابا۔"

"یہ کون ہے؟"

میں بھی ششدر ہو کر کھڑی ہو گئی۔ میں اس کے جواب کی منتظر تھی ——

"یہ پولی ہے!"

"لیکن تم یہاں کیا کر رہے ہو؟"

اور میں نے مقصود کی طرف چور نگاہوں سے دیکھا۔ مجھے اس کی محبت سے بڑی امیدیں وابستہ تھیں۔ یہی تو موقع، یہی تو وقت تھا کہ وہ میری طرف داری کرتا، لیکن اس نے بڑے تحمل سے سر جھکا کر کہا:

"کچھ نہیں ابی!"

"جا لڑکی! اپنے گھر جا۔" اس نے ہاتھ کے اشارے کے ساتھ کہا۔ "کیوں اپنے ساتھ ہمیں بھی بدنام کرتی ہے!"

ارجی! میں مقصود کی طرف نگاہ کیے بغیر اپنی راہ چل دی۔ جس طرح میں گردن جھکائے دھیرے دھیرے پگڈنڈی پر اترتی چلی جا رہی تھی اسی طرح مقصود سے نفرت میرے رگ و پے میں اتر رہی تھی۔ اس نے پہلے بھی دھکا دیا تھا لیکن اس دفعہ تو جیسے اس نے مجھے تحت الثریٰ میں دھکیل دیا۔

دوسرے دن میں نے اس کی انگوٹھی بذریعہ ڈاک واپس کر دی۔

وہ تین چار بار مجھے ملنے آیا لیکن ہر بار میں نے کوئی نہ کوئی بہانہ بنا کر ٹال دیا۔ اس نے مجھے متعدد خط لکھے۔ معافی مانگی لیکن میں نہ پسیجی۔ میں اس سے نفرت کرنے کی مشق کر رہی تھی۔ اس کے ساتھ گزارے ہوئے دن اپنے ذہن سے کھرچ رہی تھی۔ اس نے سکول میں میرے کمرے میں کودنے کی دھمکی دی لیکن میں نے پرواہ نہ کی۔ اس نے دریا میں غرق ہونے کا ارادہ ظاہر کیا لیکن میں ملتفت نہ ہوئی۔ اس نے نہ صرف میری محبت کی توہین کی تھی بلکہ مخالفت کے سامنے میرا ہاتھ بھی چھوڑ دیا تھا۔ مجھے اس سے ایسی توقع نہ تھی۔

اور پھر ارجی! میں نے اسے بھولنے کے لیے، اس سے بدلہ لینے کے لیے آرچرے سے منگنی کر لی۔ مجھے شدت سے اس بات کا احساس ہو رہا تھا کہ میں بوڑھی ہوتی جا رہی ہوں

اور میرا کوئی نہیں۔ ڈیڈی میرے والد ہوتے ہوئے بھی میرے نہ تھے اور شام بوڑھوں کی طرح یسوع مسیح کے گن گاتے رہتے تھے اور ارجی! جوانی میں غیر محسوس غیر مرئی چیزوں کی محبت کا اعتبار مشکل سے ہوتا ہے۔ رفتہ رفتہ مقصود کی الفت بھی کم ہوتی چلی گئی۔ اس کا سرخ و سپید رنگ یاد رہ گیا۔ اس کی سہمی ہوئی نگاہیں یاد رہ گئیں۔ اس کی الٹی سیدھی باتیں ذہن سے چمٹی رہ گئیں پر اس کی محبت کو میں نے دل سے نکال دیا۔ میں اسے بھول گئی ارجی —— اسے بھول گئی اور ایک سہارے کی خاطر آرچر سے منگنی کر لی۔ ڈیڈی اس رشتے سے بہت خوش تھے۔ میں نے بھی سوچا کہ چلو ایک پنتھ دو کاج کہ سہارا بھی ملا اور ڈیڈی کی خوشنودی بھی اور پھر آرچر مجھے چاہتا بھی تو تھا۔ کیا ہوا اگر میں اسے پسند نہ کرتی تھی۔ میں نے اپنے آپ کو اچھی طرح سمجھا لیا کہ آخر مقصود میں کیا دھرا تھا جو آرچر میں نہیں۔

لیکن ایک خوف میری جان کو لاگو ہو گیا اور وہ یہی تھا کہ میں کسی دن یونہی جذبات کی رو میں بہہ کر یہ منگنی بھی نہ توڑ دوں اس لیے میں نے اپنی منگنی کی تصویر اخبار میں چھپوا دی اور شکر کا سانس لیا۔

آرچر ہوائی جہازوں کی ٹریننگ کے لیے لندن چلا تو میں بھی کراچی تک اسے چھوڑنے گئی۔ آخر کیوں نہ جاتی۔ میں نے اس سے شادی کرنے کا مصمم ارادہ کر لیا تھا۔

لیکن ایک دن ارجی —— ! اور وہ خاموش ہو گئی۔

اور باوجود یکہ مجھ پر نیند طاری ہو چکی تھی، میں چونک پڑی:

اور ہاں بولی ایک —— ؟

ایک دن مقصود خدا جانے کہاں سے آ گیا۔ صبح دس بجے مجھے چٹ ملی۔ "للہ مجھے ملو"۔ لیکن میں باہر نہ گئی۔ میں سمجھتی تھی کہ گھنٹہ پون گھنٹہ انتظار کرنے کے بعد وہ خود ہی چلا جائے گا لیکن وہ اسی طرح بیٹھا رہا۔ اور شام کو سکول میں امن چین پھیل جانے کے بعد بھی یہی خبر آئی کہ وہ صاحب بیٹھے ابھی تک تیرا انتظار کر رہے ہیں۔

پھر مجھے ایک اور چٹ ملی:

"یقین مانو قیامت تک یونہی بیٹھا انتظار کرتا رہوں گا۔"

آخر مجھے اس سے لڑائی مول لینے کے لیے ہیڈ مسٹریس کے دفتر جانا ہی پڑا۔ شام کا دھندلکا پھیل رہا تھا۔ ہیڈ مسٹریس کے اندھیرے دفتر سے پنکھے کی آواز آ رہی تھی ——

میں آگے بڑھی ۔ اس نے میری طرف دیکھا اور پھر میز پر جھک گیا۔ شاید وہ رو رہا تھا۔

"پولی! —" اس نے دھیرے سے کہا۔ اور میں ہیڈ مسٹریس کے سامنے والی کرسی پر بیٹھ گئی۔

"کہو۔"

"اگر چہ سے منگنی توڑ کر یہ انگوٹھی پہن لو — ورنہ — ورنہ —" اس نے سر اٹھا کر کہا۔

"..... ورنہ تم مجھے مار ڈالو گے؟"

پھر مجھے رونا آ گیا اور رہبر نے ہچکیاں لیتے ہوئے کہا:

"یا تو مجھے مار ڈالو مقصود یا اپنی ہمت کو زندہ — زندہ —" اور مجھ سے فقرہ مکمل نہ ہو سکا۔

"پولی! تم نہیں جانتیں یہ زندگی کتنی کٹھن ہے۔" اس نے بے بسی سے مجھے تکتے ہوئے کہا:

"زمانے کا گلو گیر ہاتھ بڑا ہی کرخت ہے۔ خاندان کی محبت بڑی دلکش ہے لیکن تم ان سے کہیں زیادہ دلفریب ہو — جانتی ہو پولی! میں نے اپنے باپ کی موت کی دعا مانگی ہے۔ اپنے خاندان کی —" اس نے اپنا تھکا ہوا سر پھر ہاتھوں پر رکھ لیا اور چپ ہو گیا۔

اس کی باتوں سے خلوص عیاں تھا لیکن میں بے اعتباری کے حربوں سے مزین ہو کر

آئی تھی۔

"چلو مری چلیں"۔ اس نے گڑگڑا کر کہا۔

"میں یہ ذکر سننا نہیں چاہتی"۔ مجھے غصہ آ گیا۔

"پولی!"

اسے بھی غصہ آ گیا:

"ساری عمر روتے روتے ذرا مشکل ہی سے گزرے گی"۔

"پروا نہیں"۔

میں نے لرزتی ہوئی آواز میں کہا:

"آخر تم نے اپنے آپ کو کچھ کیا رکھا ہے مقصود؟"

"جانتی ہو ہم دونوں ازل سے ایک دوسرے کے تھے"۔

"میں ازل اور ابد کے قصے نہیں جانتی۔ میں تو اس زندگی کو جانتی ہوں اور یہ جانتی ہوں کہ میں اس دنیا میں تمہاری نہیں ہو سکتی چاہے تم ازل کے قصے کہو یا ابد کی داستانیں"۔

"پولی"۔ اس نے کھڑے ہو کر کہا:

"آخری بار کہہ رہا ہوں۔۔۔۔"

"میں بھی آخری بار کہہ رہی ہوں کہ میں آر چرسے شادی کا وعدہ کر چکی ہوں"۔

اس نے بھی چھلا جیب سے نکالا اور پھر عجیب سی بے بسی سے دیکھا اور میز پر دھر دیا اور دھیرے سے کمرے سے جاتے ہوئے کہا:

"اسے منگنی کی انگوٹھی نہ سمجھنا پولی! ــــ یہ ایک نشانی ہے ــــ تمہاری شادی کا پیشگی تحفہ ــــ"

اور جانتی ہو ارجی! پھر کیا ہوا؟ ایک بھیانک سی بات ہو گئی۔ ایک عجیب و غریب واقعہ" ــــ پولی نے دفعتاً آنکھیں کھولیں اور کھڑکی سے باہر دیکھتے ہوئے کہا۔

"کیا پولی؟" میں نے اس کے کندھے کو جھنجھوڑتے ہوئے پوچھا۔

"مقصود نے اسی رات اپنے دماغ میں پستول داغا۔ اس کا آخری خط مجھے دو دن بعد ملا ۔۔۔ لکھا تھا:

پولی!

ہم دونوں ایک دوسرے کے لیے بنائے گئے تھے لیکن، ہم دونوں ایک دوسرے کی تخریب کا باعث بنے۔ میں تمہیں الزام نہیں دیتا۔ شاید اگر میں تمہاری جگہ ہوتا تو میں بھی یہی کرتا ۔۔۔ تم سے میری تمام امیدیں وابستہ تھیں اور ۔۔۔ میں تم سے ناخوش نہیں صرف اپنے سے ناخوش جارہا ہوں۔ میں نے دو بار تمہیں سخت پریشان کیا ہے۔ پہلی بار تو واقعی میرا ارادہ شادی کا نہ تھا لیکن دوسری بار پولی! یقین ماننا میں تنہا تھا اور صرف تمہارا تھا اور میں تنہا ہی رہا ہوں۔

ازل سے ۔۔۔!"

پولی خاموش ہوگئی اور چند لمحے خاموش رہنے کے بعد بولی:

"ٹریجڈی یہ نہیں کہ اسے محبت کا جواب محبت میں نہ ملا۔ ٹریجڈی یہ ہے کہ اس نے زندگی جیسی نعمت کی قدر نہیں کی ۔۔۔ کاش وہ زندہ رہتا ۔۔۔ کاش اسے علم ہوتا کہ انسانی زندگی کتنی قیمتی ہے ۔۔۔ کس قدر خوبصورت ہے اور لوگ کیسے اسے سینے سے لگائے پھرتے ہیں اور جیے جاتے ہیں حالانکہ جینے کی کوئی خاص وجہ بھی نہیں ہوتی۔"

پولی کی آواز بھرا گئی —

اور —

وہ ڈبے سے باہر دیکھنے لگی —

باہر —

اندھے اندھیروں میں کھڑکیوں سے جانے والی روشنی بھاگی جا رہی تھی!

مات

نہ جانے یہ چکر کیسے چلا؟
آنٹی کو لگتا تھا کہ آج تک جتنی خبریں اخباروں میں چھپیں اور آیندہ بھی چھپتی رہیں گی وہ سب کی سب اس خبر کے سامنے بیکار ہیں۔ نہ تو یہ خبر پولیٹیکل تھی نہ کسی ملک نے کسی اور ملک کے اندرونی معاملات میں دخل اندازی کر دی تھی۔ مرگِ ناگہانی، حادثہ، ڈکیتی یا اغوا کا بھی معاملہ نہ تھا۔ کھیلوں سے بھی اس خبر کا کوئی تعلق نہ تھا۔ یہ خبر تو گھروں کے اشتہار، ٹینڈروں کے نوٹس، نوکریوں کی اطلاع اور فلموں کے سکینڈل سے بھی معمولی تھی لیکن اس خبر سے لپٹ کر آنٹی کا دل چیتھڑا ہو گیا۔

خبر کا تعلق دراصل جھنجھوڑنے، جھنجھوڑنے اور کسی ثابت ذہن کو اس کے نقطۂ ثقل سے ہٹانے کا ہوتا ہے۔ شائستہ بھی محسوس کر رہی تھی کہ اس بُری طرح وہ ساری عمر جھنجھوڑی ہلائی اور اپنے مرکز سے ہٹائی نہیں گئی۔ معاً اسے محسوس ہوا ۔۔۔ وہ گوبھی کے پتوں کا انبار ہے جو سبزی منڈی کے باہر پڑا گلتا رہتا ہے اور جسے سیر چشم گائے بھینسیں بھی نہیں کھاتیں۔

شائستہ بھگت آنٹی تھی۔ اس نے آج تک یہ سوچا ہی نہ تھا کہ آنٹی خالہ، آپا، پھوپھی،

ماسی، کسی بڑی عمر کی عورت کو پکارنے کا بے تکلف طریقہ ہے۔ وہ تو سمجھتی تھی کہ اس کے بڈھے شوہر کی رعایت سے لوگ اسے کمسنی ہی میں آنٹی پکارنے لگے تھے اور یہ روایت سی بن گئی تھی، اس کا عمر سے کوئی تعلق نہ تھا۔ چھوٹے بڑے رشتہ دار، دوست، سب اسے آنٹی ہی بلاتے تھے۔ لطیف صاحب کو البتہ لوگ مختلف ناموں سے پکارتے تھے۔

بھائی صاحب، چچا جی، تایا، بڑے ابا، دادا، سبھی نام ان کی مٹی خراب کرنے کو کافی تھے کیونکہ لطیف صاحب کا چہرہ وقت بریدہ مصری ممی کی طرح تھا۔ جلد ایسی نیلی ائل سبز تھی کہ شبہ ہوتا سانپ کاٹے کا علاج تو کروا چکے ہیں پر سانپ کے زہر کا اثر رگوں میں موجود ہے ویسے بھی ماتھے پر بسنوری تھی۔ ابرو گھنے اور ناک کی سیدھ میلوان تھے۔ اس بھونڈی شکل و صورت پر بات کرنے کا ڈھب کبھی نہ آیا۔ سچ بولتے تو لگتا جھوٹ بول رہے ہیں۔ جھوٹ بولنے کی کوشش کرتے تو محسوس ہوتا کہ جھوٹ بھی سلیقے سے بولنے کا طور نہیں جانتے۔

لیکن شائستہ آنٹی کا چراغ اللہ کے تیل سے جلتا تھا۔ بھری جوانی میں تو وہ پلکیں اٹھانے جھکانے سے ہی بھونچال اٹھا سکتی تھی۔ اب بھی خدا اُن پر بہت مہربان تھا۔ دو جوان بیٹیوں کی ماں تو وہ کبھی لگتی ہی نہیں تھیں۔ لطیف سے دو قدم پرے وہ ان کی بیوی بھی نظر نہ آتیں۔ دل چاہتا، کہ وہ گوندنی کی طرح زیور سے لدی تخت پوش پر بیٹھی رہیں اور تمام ایرے غیرے مورچھل جھلتے رہیں۔ لوگوں کا دل ہی مورتی پوجن پر آمادہ نہ رہتا تھا بلکہ خود جگت آنٹی کا خیال تھا کہ یہ تعریف، پوجا، پرستش کسی نو بہار نوخاستہ کا حق نہیں بلکہ ان کی میراث ہے۔

لیکن یہ تب کی بات ہے جب انہیں دنیا کی اہم ترین خبر نہیں ملی تھی۔

صبح جب درزی نے دو خوبصورت جوڑے لا کر دیے تو وہ بالکل نارمل محسوس کر رہی تھیں۔ اسے کسی قسم کا گنا گھاس چرتا ہوا نہ تھا۔ دو چوڑی دار پاجاموں کے ساتھ گھیر دار حیدر آبادی قمیص اور سوا تین گز کے جھل جھل کرتے چمکتے دوپٹے تھے۔ ان جوڑوں کو دیکھتے ہی اس نے یہ طے کر لیا تھا کہ کون سا وہ ڈنر پر پہنے گی اور کون سا لنچ پر؟ ان کے ساتھ زیور کا چناؤ اور خوشبو تک

کی پسند وہ دل میں کر چکی تھی۔

خبر پہنچنے سے پہلے اس نے کپڑے ٹرائی کرنے کے لیے سبوی مائل نیلا چوڑیدار پاجامہ پہنا، کھلی قمیص کو احتیاط سے تن پر ڈالا اور جگ مگ جگ مگ دوپٹہ اوڑھ کر بڑے آئینے کے سامنے کھڑی ہو گئی۔ پتہ نہیں کیوں پہلی بار اس کی خوش اعتمادی کو ٹھیس لگی۔ اسے شک گزرا کہ اس کی پنڈلیاں کچھ زیادہ بھاری ہو چکی ہیں۔ کولہے پہلے کی طرح سڈول نہیں رہے اور وہ امراؤ جان ادا لگنے کی بجائے میراثن بھائی کی طرح سب طرف سے کھائی کھیلی نظر آ رہی ہے اس لمحہ اسے اپنے آپ پر، آئینے پر اور سب سے زیادہ درزی پر غصہ آیا۔ یہ کم بخت درزی بڑا ٹھرکی ہے۔ نوجوان لڑکیوں کے کپڑے نزاکت سے سیتا ہے اور ـــ یہ خیال چند ثانیے رہا ـــ پھر بوڑھے افسر کی طرح اس نے اپنے ماضی کے ریکارڈ پہ نازاں ہو کر یہ خیال دل سے نکال دیا کہ ابھی پانی سر سے نہیں گزرا ... جو عورت تیس سال سے اونچی سوسائٹی میں مس یونیورس کا رول ادا کر رہی ہو، اسے اتنی چھوٹی سی بات کیونکر ہلا سکتی تھی؟

لیکن اسی وقت کہیں سے وہ بھاری مونچھوں اور نمی نمی مسکراہٹ والا سیلز آفیسر آدھمکا اور ساتھ ہی دنیا کی اہم ترین خبر ملی ـــ اور وہ بھی بذریعہ تار ـــ اس کی دونوں جواں سال بہویں شام کی فلائٹ سے امریکہ سے سیدھی پہنچ رہی ہیں۔

دو سدھائی ہوئی چار سو چالیس وولٹ کی بجلیاں!

اس نے سیلز آفیسر کو مرعوب کرنے کے لیے رات کو ڈنر دے رکھا تھا لیکن رات سے پہلے تو اس کی دونوں بہویں شاور لے کر، تازہ دم اعلیٰ لباس میں سینٹ کی بوتلوں کی طرح آراستہ پارٹی میں موجود ہوں گی ـــ اسے معلوم تھا کہ فارنر دل پھینک تھا اور اس کی بہویں گو گھر اجاڑنے کی حد تک فلرٹ نہیں تھیں لیکن نظر جھاڑنے، حرکتِ قلب بڑھا لینے اور زہر کھانے کے خواب جگانے تک ضرور لے جاتی تھیں۔

وہ سارے شہر کی فیشن ایبل عورتوں کی خانہ ساز تھی۔ اس کا مشورہ مفت اور بے مثال ہوتا

لیکن اب تار سامنے پڑا تھا۔ ایک سبزی مائل چوڑی دار پاجامہ اس کی ٹانگوں پر بندوق کے غلاف کی طرح چڑھا تھا اور وہ سوچ رہی تھی کہ رات کے ڈنر پر اس کا بنے گا کیا؟ وہ ان امریکہ پلٹ بہوؤں سے کیسے نپٹے گی؟ حملہ آور کو خبر لگ گئی تھی لیکن سدباب کا کوئی نسخہ اسے کارگر ہوتا نظر نہ آتا تھا۔

ایک تو اس کے دونوں بیٹے لطیف صاحب پر گئے ہوئے تھے۔ بس ان میں بھی باپ کی اکلوتی خوبی تھی۔ یہ مایا داس جس چیز کو چھو لیتے سونے کی بن جاتی لیکن کسی عورت کے دل کو پا لینا ان کے بس کی بات نہ تھی۔ امریکہ میں سٹور پر سٹور کھلتے جا رہے تھے ــــ ریڈی میڈ کپڑے، چمڑے کی جیکٹیں، بوتیک کا مال، تولیے کا ویئر دھڑا دھڑ امپورٹ کر رہے تھے۔ اسی رفتار سے بیچ رہے تھے اور ان کی بیویاں رمضانیوں ــــ کی طرح کبھی کبھی ان کی حضوری میں رہتی تھیں۔ ورنہ کبھی بیروت کبھی کیلیفورنیا ــــ کبھی ہوائی ــــ جہاں جاتیں اکٹھی دونالی بندوق کی طرح ــــ ان کے قصے جب تک پاکستان پہنچتے وہ کسی اور شہر میں پہنچ چکی ہوتیں ــــ جگت آنٹی کو اپنے نیم گنجے بیٹوں پر بہت غصہ آتا لیکن کیا کرتیں۔ اتنے فاصلے سے تو ممتا کا داؤ بھی نہ چلتا تھا۔ تین سال پہلے وہ شائستہ کے ساتھ رہتی تھیں لیکن تب وہ ہر پارٹی میں ان کو مات دے چکی تھیں۔ اب ان اڑن سانپوں کی شہرت بہت سریع التاثیر ہو گئی تھی۔ ان کی بڑی بہو روزی اور چھوٹی بہو انیلا دونوں زہرِ ہلاہل تھیں۔ بڑی کا رنگ اگر دبتا تھا تو اس کا جسم اس قدر سڈول تھا کہ اجنتا کی غاروں میں بنے ہوئے پدمنی روپ جسم اس کے سامنے شرمسار ہو جاتے۔ بیٹھتی چلتی اٹھتی اسے دیکھ دیکھ کر جی نہ بھرتا۔ چھوٹی انیلا گول گول گیشا گرل تھی۔ گول کلائیاں، گول بازو، گول دہن ــــ گول کولہے، گول کمر اور گول گول بانہیں۔ قد اس کا دراز نہ تھا لیکن رنگت چاہی گلاب سے مشابہ تھی۔ شبہ ہوتا کہ چہرے پر شفق کی کبھی کبھی سرخی ہے لیکن دل گواہی دیتا کہ سب میک اپ کا کرشمہ ہے۔

مصیبت ان شوں شاں بہوؤں کی نہ تھی۔ بکھیڑا تو سارا افاران کا تھا! پتہ نہیں وہ کس وقت

آنٹی کے دل میں سما گیا تھا اور رہ رہ جاتی تھا۔ نہ درزی کپڑے خراب سی کر لاتا نہ ٹرائی کے وقت وہ پہنچتا نہ اسی وقت کلو ہیل کا ٹیکسی پہنچتا اور نہ ہی آنٹی کو اس شعور سے کہ پتلی کو اپنے دام پیچ تبدیل کرنے کا خیال آتا ــــ نہ ہی وہ اس قدر جلد ایل بی ڈبلیو ہو جاتی۔

دیمک ایک دن میں نہیں لگتی ــــ عمارت ہمیشہ اینٹ اینٹ گرتی ہے ــــ اور قومیں قدم قدم برباد ہوتی ہیں۔ شاید پہلا پتھر اس روز گرا جس روز مسز سبحانی کے گھر کافی پارٹی تھی۔ کافی پارٹی، اچپل میٹنگ اور وی سی آر پر فلم دن چڑھے کے وقت کٹی کا عام پروگرام تھا۔ اس وقت بھی پارٹی میں کی خواتین ان گنت اچھی خوشبوؤں میں بسی موجود عورتوں کی تعریفیں اور عدم موجود خواتین کی نکتہ چینیوں میں کھلے دل سے شریک تھیں ــــ وی سی آر پر فلم چل رہی تھی لیکن اسے بھی سب کم نگاہی سے دیکھ رہی تھیں۔ ان کی اصل توجہ ایک دوسرے کے کپڑے زیور اور مسز سبحانی کے ڈرائنگ روم کے سامانِ آرائش پر تھی۔

اس روز آنٹی شائستہ حسبِ معمول لیٹ داخل ہوئی ــــ آنٹی کو معلوم تھا کہ لیٹ پہنچنے میں کیسے وہ سب سے تر و تازہ اور نمایاں نظر آتی ہے ــــ ہمیشہ کی طرح تہلکہ خیز، روح پرور اور تیقن بھری ــــ آنٹی کو معلوم تھا کہ وہ کس وقت، کیسے اور کس کس پر کیسے ایفیکٹ کرتی ہے اس روز بھی یہ الموینا گیس آئی اور ایک صوفے میں جا کر یوں بیٹھی جیسے رومن عہد کی ملکہ ہو۔ اس نے بعد تکلف اپنا نیم عریاں بازو تردد سے صوفہ کی پشت پر رکھا اور انگلیاں ڈھیلی چھوڑ دیں پرانی ملاقاتیں اور اجنبی نو واردیں سب کی سب اس کی انگوٹھیوں میں گم ہو گئیں۔ بیٹھتے وقت سینے میں کساوٹ اور گریبان میں لٹکنے والے لاکٹ میں تو مچلنے کی کیفیت پیدا ہو ہی گئی تھی لیکن جب اس نے گھٹنے پر گھٹنا دھرا اور گنبد کو فوم کی گدی پر ٹکایا تو اس کے بیٹھنے میں ایک ماہر کلاکار کا زرت شامل ہو گیا۔ اب تک شائستہ اتنی نظروں کو متاثر کر چکی تھی کہ ایک اچھے کمپیئر کی طرح اسے معلوم تھا کہ اس کی کون سی ادا کس شخص پر، کس حد تک اثر انداز ہو رہی ہے؟

"بھئی ہمیں ان لڑکیوں سے انٹروڈیوس کراؤ مسز بھاٹی ـــ" خود اعتمادی کے ساتھ بڑی لاڈ بھری آواز میں آنٹی بولی۔ لڑکیوں کا لفظ اس نے محض تکلف کے طور پر استعمال کیا تھا ورنہ اپنے سوا وہ کسی کو لڑکی ماننے کے لیے تیار نہ تھی۔ اسے لگتا تھا کہ لڑکیاں عام طور پر برسات دیدہ پھلجھڑیاں ہوتی ہیں۔

"یہ میری بھانجیاں ہیں۔ ہوم اینڈ سوشل سائنس والا کالج ہے نا! وہاں پڑھتی ہیں دونوں ان کو بہت شوق تھا ہماری کافی پارٹی کا ـــ میں نے کہا تم بھی آجانا بھئی ـــ میری سہیلیوں سے ملنا ـــ"

آنٹی نے ابرو اٹھایا اور مربیانہ انداز میں مسکرائی۔

"دراصل جی۔ ہم دونوں کو ٹھیک طرح سے پتہ نہیں تھا کہ پارٹی کس دن ہے۔ یہ کہتی تھی کہ فرائی ڈے کو ہے۔ میں کہتی تھی کہ ٹیوزڈے کو ـــ اسی گھپلے کی وجہ سے ہم دونوں تو کالج یونیفارم میں آگئیں"۔ سانولی لڑکی بولی۔

"اور یہاں آکر پتہ چلا کہ پارٹی پیر کے روز ہے ـــ" آنٹی نے خوشی، سچائی اور شوق سے عاری قہقہہ لگایا۔ ایسے قہقہوں پر انہیں ایک مدت سے داد مل رہی تھی۔

دوسری گھگھی نے لحظہ بھر کو حیران ہو کر آنٹی کو دیکھا۔ پھر کہنے لگی ؛

"ہم دونوں تو اتنی امپریس ہوئی ہیں ـــ اتنی امپریس ہوئی ہیں کہ ہماری آواز ہی نہیں نکلتی ـــ"

اب شائستہ اٹھ کھڑی ہوئی۔ سفید شیفون کا آبی آنچل اس کے بازو پر لٹکا تھا۔ وہ ڈھلے ڈھلائے جسم کو فیشن پریڈ کی طرح پیش کرتے ہوئے نمایاں آواز میں بولی:

"اچھا لڑکیو! گیس کرو میری ایج کیا ہے ؟"

وہ یہ گیس کئی پارٹیوں میں کئی لوگوں سے لگوا چکی تھی لیکن یا تو کوئی بھی اس کی صحیح عمر جانچ نہیں سکا تھا یا جانچ کر اس کے اظہار کے قابل نہ تھا۔ اس کی آنکھوں کے اردگرد کوے کے پنجوں

جیسی لکیریں ضرور پڑ چکی تھیں اور دہن بھی لکیر دار ہو چکا تھا لیکن یہ دونوں تبدیلیاں میک اپ کی معمولات سے چھپ جاتی تھیں۔

سامنے کھڑی یونیفارم میں ملبوس لڑکیوں نے آنٹی پر نظر ڈالی۔ پھر ایک دوسری کو ٹہوکا اور پھر اپنے بھانویں برصغیر ایشیا و روس میں باکو تیل کا کنواں دریافت کر لیا۔ گمگمی نے اپنا سستا سا کلپ درست کرتے ہوئے کہا:

'قریباً ففٹی ایئرز آنٹی ___'

'ففٹی ___ اور ففٹی فور ___ اس کے درمیان کہیں ___' سانولی بولی۔

جگت آنٹی پر نیوٹران بم گرا۔ اس کا جسم تو باقی رہا لیکن روح، شوخی، احساسِ زندگی سب کچھ قابلِ ذکر پرواز کر گیا ___ یہ تو آنٹی کی سوشل اسکو مجولی تھی۔ وہ نئے ملاقاتیوں کو اپنی عمر کے متعلق دبی دبی شیخی اور کھلی کھلی مسکراہٹ کے ساتھ گپیں ضرور کرواتی تھی لیکن آج تک کسی نے انہیں پینتیس سے زیادہ کا نہ بتایا تھا۔

آنٹی اس حجاب کے بعد کھڑی ضرور تھیں لیکن اگر اس وقت ان پر ایک شکر خورے کا پَر بھی آگرتا تو وہ منہ کے بل گر تیں۔

'کیوں آنٹی! ٹھیک ہے نا ہمارا اندازہ ___'

'بالکل بالکل ___ اور کیا۔ اس سال میں ترپن کی ہو جاؤں گی اکتوبر میں ___'

پتہ نہیں یہ کوئی مذاق تھا؟ ___ کسی قسم کی جیت تھی یا پھر عورتیں کسی پرانے حساب کو برابر کر رہی تھیں، بڑے زور کی تالی بجی اور اس سے بھی اونچا قہقہہ بلند ہوا۔

تاج محل کی یہ پہلی اینٹ گری۔

اس واقعہ کے عین تیسرے دن وہ اپنے بڈھے گنجے گدلی آنکھوں والے شوہر کے ساتھ شہر کے ایک معروف بزنس مین کے گھر ڈنر پر گئی۔ لطیف صاحب آنٹی سے بمشکل دو تین سال بڑے تھے لیکن پھسپھوندی کھائی ڈبل روٹی کی طرح ان کا رنگ سہرا سہرا نیلا تھا۔ چہرے پر ایک بے حد دلکش تھی

چونکہ بزنس اتنی لمبی چوڑی اور وقت کو کھا جانے والی تھی کہ فلرٹ کرنے کا وقت بھی نہ ملتا تھا۔ اس نیچرل ٹائم کے محروم ہو کر وہ مردم اور چیز زیادہ نظر آتے تھے۔ ادھر آنٹی ان کے ساتھ جوانی کا سمبل تھیں۔ ان کی معیت میں اپنی روح بچانے بچاتے بھی لطیف صاحب بہت زیادہ بے جان ہو چکے تھے۔

ڈنر پہ شہر کے معززین کا اجتماع تھا۔ دو تین ریٹائرڈ ایکٹریسیں بھی آئی ہوئی تھیں جنہیں دیکھ کر پروڈیوسروں اور پبلک کی عقل پر رونا آتا تھا جنہوں نے ان ناآفریں صورتوں کو پردہ سکرین سے اتار کر محفلوں کی جان بنا دیا تھا۔ کچھ جدید سوسائٹی گرلز خواتین تھیں لیکن ساری محفل میں شائستہ بیگم کے جوڑ کی کوئی عورت نہ تھی۔ اس کا لباس سفید، آواز میں قدرتی لاڈ، اداؤں میں مشق دیدہ لگاوٹ، کھانے پینے، اٹھنے بیٹھنے کے انداز میں مہارت آمیز کشش تھی۔ اس نے اس دنیا میں پورے ترپن سال گزارے تھے لیکن کسی سال کی خزاں کا اس پر بوجھ نہ پڑا تھا۔

شائستہ اپنی پلیٹ پر تھوڑا سا سلاد، روسٹ کی ہوئی مچھلی کا ٹکڑا اور تھوڑی وائٹ ساس ڈالے ہنسل ہیل پر ڈگمگ ڈولتی بوفے ڈنر کے مہمانوں سے مل رہی تھی ـــ کبھی اس ٹکڑی میں کبھی اُس گروپ میں۔ اس کی پلیٹ بھرنے کے لیے شہر کے معزز افسر ڈونگے اٹھائے پھر رہے تھے۔ اسے ٹیشو پیش کرنے کے عمل میں ملک التجار گنے کا ڈبہ نذرانہ بنائے پیچھے پیچھے گھوم رہے تھے۔ پانی اور ڈرنکز کے گلاس ملک کے نامور ڈاکٹروں کے ہاتھوں میں تھے ـــ ادیب شاعر انوکھے واقعات کا خوانچہ لگائے اس کے منتظر تھے۔ ان مشتاق نظروں نے جیسے مل کر ایک مکڑی کا جال بنایا جس میں شائستہ بیگم بڑی شائستگی سے پھنس گئی۔

آج تک اس نے کبھی کسی ایسے شخص سے بات نہ کی تھی جس سے اس کا باضابطہ تعارف نہ ہوا ہو۔ اس معاملے میں وہ پوری انگریز تھی۔ گھنی ملائے بازوؤں والے صوفوں پر اجنبی لوگوں کے ساتھ بیٹھی رہتی لیکن کچھ ایسی سرد مہری سے کہ اگر تعارف نہ ہوتا تو رسمی سلام کی نوبت بھی نہ آتی۔ اجنبیوں کی محفل میں وہ پہروں لب سٹک سے اپنی ناک میں پڑی ہوئی ڈائمنڈ کی تیلی کو

دیکھ کر گزار سکتی تھی لیکن کبھی کبھی اپنے ہی قدموں میں غلط راستوں کے نشانات ہوتے ہیں یہاں بڑے ہال کے پہلو میں وہ بیٹھا تھا۔ اگر وہ انٹروڈیوس ہونے کا انتظار کرتی تو شاید بری گھڑی ٹل جاتی لیکن دھوئیں بھرے کمرے سے نکل کر آوازوں کے جنگل سے باہر آ کر یک دم وہ بہت اداس ہو گئی۔ پھر کچھ باتیں کچھ واقعات ہمیشہ فضا میں ہوتے ہیں اور اچانک ٹھاہ کر کے ماتھے میں آ لگتے ہیں جیسے آدمی کرکٹ گراؤنڈ کے قریب بیٹھا ہو اور کسی لمحے کسی وقت کرکٹ کا بال منہ پر آ لگے۔

دراصل شائستہ بیگم کو اپنی ساڑھی کے بل درست کرنے تھے۔ ابھی وہ پیٹی کوٹ کے اندر انگلیاں ڈال کر سفید ساڑھی کو جمانے ہی والی تھی کہ اس کی نظر سامنے پڑی اور جھٹ بغیر تعارف کے اس کے منہ سے نکلا:

'ہیلو ____!'

وہ موٹی موٹی منفعلیل سی عینکیں لگائے ناک میں انگلی پھیرتا اکونومسٹ رسالہ پڑھ رہا تھا یکدم اس کی بھی چوری پکڑی گئی۔ وہ اٹھ کھڑا ہوا اور بے ساختگی سے بولا:

'ہیلو جی ____ ہیلو ____!'

'بھئی سب اندر انجوائے کر رہے ہیں تم یہاں کیوں بیٹھے ہو ____ چلو اندر۔'

شائستہ میں ڈھلی عمر نے ایک اور خوبی پیدا کر دی تھی۔ جوانی میں جو باتیں وہ لہجہ شرما کر منوایا کرتی تھی اب ان میں دھونس، رعب اور مال جیسا لاڈ پیدا ہو گیا تھا۔

'جی میں گیسٹ نہیں ہوں۔ میں تو ایک کام کی غرض سے آیا ہوں!'

شائستہ نے ایک فاتحانہ نظر نوجوان پر ڈالی۔ وہ عمر میں چھبیس سے زیادہ نہ تھا چہرے پہ حسن سے زیادہ ایک عجیب قسم کا لنڈورا پن تھا۔ ساتھ ساتھ ہونٹوں کے ارد گرد کچھ حیا کے باقی ماندہ نشان بھی تھے۔ شائستہ کچھ اچھی طرح سے فیصلہ نہ کر پائی کہ یہ نوجوان عاشقوں کے قبیل سے ہے کہ محبوبوں کے قبیلے سے ____ شاید اس میں دونوں خوبیاں جڑواں ساتھ ساتھ

تھیں۔ بہرکیف شائستہ نے اپنے اندازے کو وثوق تک پہنچانے کے لیے تھوڑی سی مہلت اور چاہی اور اسی وقفے میں وہ کرکٹر اس کے دل میں اتر گیا۔ اس نے اپنی پلیٹ اس نوجوان کو پکڑا کر کہا:

'آؤ میرے ساتھ! تم میرے گیسٹ ہو۔ آؤ!'

یہ کہہ کر بغیر سوچے سمجھے شائستہ آگے چل پڑی اور اس کے پیچھے وہ نوجوان ایسے چلنے لگا جیسے تنگ جوتے پہن کر آیا ہو۔

'جی۔ میں تو مرزا جی سے کچھ کاغذات اٹیسٹ کروانے آیا ہوں'۔

'ارے وہ بھی ہو جائیں گے ۔۔۔۔ چلو آؤ ۔۔۔۔'

کبھی کبھی بہت کم درغیر اہم فیصلوں میں آئندہ کے بہت اہم فیصلے چھپے ہوتے ہیں۔ گویا کوئی بادشاہ کسی سانولی اجنبی آنکھوں والی کنیز کو ایک مرتبہ مسکرا کر اپنے قریب بلانے کا گناہ مرتکب ہوتا ہے کہ اسی چھوٹے سے واقعے میں سے چلتا چلاتا کہیں اس کا تخت و تاج بھی چھن جاتا ہے اور اس کے اپنے بیٹے جو دست بستہ اس کے حضور کھڑے رہتے تھے بادشاہ سلامت کو جلاوطن کر کے پھر اس کی راجدھانی کو بھی جوئے میں ہار دیتے ہیں۔

پہلی معمولی ہار میں آخری خوفناک شکست سر کے بال کھولے گھٹنوں میں سر دیئے بیٹھی ہوتی ہے ۔۔۔۔ وقت آنے پر اٹھتی ہے اور قیامت برپا کر دیتی ہے۔

وہ دونوں بڑے ہال نما ڈرائنگ روم میں داخل ہو گئے جہاں کٹ گلاس کے بڑے بڑے شمعدان دیواروں میں لگے ہوئے آئینوں میں اپنا چہرہ دیکھ رہے تھے۔

'مرزا جی ۔۔۔۔ میں تو اس ینگ مین کو ساتھ لے آئی ہوں۔ فار گاڈ سیک اسے کچھ کھلائیں اتنے لعنتی نہ بنیں ۔۔۔۔'

شائستہ نے ایک بڑی پلیٹ میں خود ہی کانٹا اور ہوبٹ رکھ کر اسے پیش کر دیا۔ جونہی آنٹی اس کی پیٹرن بن گئی سارے مجمعے کو اس کی شمولیت پر کوئی اعتراض نہ رہا۔ وہ دونوں کھانا ڈال کر

دیوار کے ساتھ لگی کرسیوں پر جا بیٹھے۔ بڑی دیر کے بعد آنٹی کو زندگی میں مزہ آنے لگا۔

"میں آپ کا شکر گزار ہوں کہ آپ نے مرزا صاحب کو اتنے قریب سے دیکھنے کا موقع دیا۔"

اس نے بغیر کسی شگفتگی یا علم کے کہا ___ "میں تو دراصل ایک سفارش کے لیے آیا تھا۔"

"نوکری کیا ہے؟ میری سفارش کافی نہ رہے گی۔"

"اگر مرزا صاحب کچھ حرف ٹیلی فون پر کہہ دیں تو کام بن سکتا ہے۔ ایک فرٹیلائزر فیکٹری میں کام ہے سیلز آفیسر کا۔"

"اب اس فکر کو نکال دو ___ اور شاباش میرے لیے جا کر گاجر کا حلوہ ڈال کر لاؤ۔"

"ضرور آنٹی ضرور۔"

آج تک لڑکے لڑکیاں اسے آنٹی ضرور کہتے تھے لیکن اس آنٹی لفظ کے کوئی معنی نہ تھے۔ پہلی ملاقات میں اس قدر گھل کر کبھی کسی نے اسے آنٹی نہ پکارا تھا ___ وہ یکدم کسی ریلوے کے باتھ روم میں اپنے چہرے کے بجائے کسی بڑھیا کا چہرہ دیکھ کر حیران رہ گئی ___ اور پھر سیلز آفیسر کو دیکھتی چلی گئی۔

وہ اپنے ایک ہاتھ سے کالر ٹھیک کرتا، دوسری ہتھیلی پر آنٹی کی پلیٹ جمانے میں مشغول، لوگوں میں جگہ بناتا میٹھے پکوانوں کی طرف بڑھ گیا ___ اونچی سوسائٹی کے مرد دولت کمانے میں اس حد تک کام آ چکے تھے کہ اب ان میں خوبصورت کپڑوں کے علاوہ ایسی کوئی بات نہ رہی تھی جس پر مرد کا لیبل لگایا جا سکتا ___ اس ساری مرد جاتی میں یہ سیلز آفیسر بذاتِ خود ایک ٹرافی تھا اور آنٹی کی نظریں اس پر جمی تھیں۔

جس وقت نوجوان پلیٹ میں جیلی فروٹ کریم اور حلوہ لے کر لوٹا آنٹی ابھی تک کرٹاہی سے اترے سٹیک کی طرح تڑتڑ کر رہی تھی۔ اس نے پلیٹ پکڑ کر اپنے پرانے آزمودہ چتون بنائے اور پوچھا:

"اچھا آنٹی تو تم نے مجھے بنا لیا۔ اب بتاؤ اس ساری محفل میں تمہارا آئیڈل کون ہے؟"

نوجوان اپنی خالی پلیٹ دوبارہ بھرنے کے لیے جانا چاہتا تھا۔اس کے انداز میں جلدی تھی اس نے سارے لوگوں پر نظر پھر اکر اس کے گنجے، گدلی آنکھوں والے بڈھے شوہر کی طرف دیکھ کر کہا:

"جی وہ لگتے ہیں نیلی بش شرٹ والے جو ٹانگ ہلا رہے ہیں مسلسل۔"

"تم انہیں جانتے ہو ——"

وہ بے دھیان کھڑا تھا اور سوچ رہا تھا کہ اسے پلیٹ میں کونسی قسم کھانا ڈالنا چاہیے کہ پاکستانی ——!

"نہیں جی —— "اس نے ایک خوبصورت لڑکی پر ٹکٹکی جما کر کہا۔

"ضرور تمہیں معلوم ہوگا کہ میں ان کی بیوی ہوں —— لطیف صاحب کی ——"

"جی نہیں —— میں نے پہلی بار آپ دونوں کی زیارت کی ہے۔"

"یہ نہیں ہوسکتا —— یہ کیسے ہوسکتا ہے۔ بھلا تم نے یہ گیس لگایا کیسے —— میں تو ان کی بیوی لگتی ہی نہیں ——"

"میرا خیال ہے جی ایسے شادی شدہ جوڑے جو پچیس سال ایک ساتھ گزار چکے ہوں ان کی شکلیں، طریقے، ٹیسٹ —— سب کچھ ملنے لگتا ہے۔"

شائستہ ایکسکیوز می، کہہ کر صوفے میں جا دھنسی —— پتہ نہیں کیوں، زندگی پھر گڑوی کسیلی ہو چکی تھی۔

آج تک کسی نے اسے اپنے شوہر کی بیوی نہ سمجھا تھا۔ جب تک کوئی تعارف نہ کراتا پتہ ہی نہ لگتا تھا کہ وہ اس جیلی فش کی ملکیت ہے۔ بہت سی برف ڈلوا کر شائستہ نے غٹاغٹ پانی کا پورا گلاس پیا لیکن غصہ اس کے سر کی طرف چڑھتا چلا جا رہا تھا۔ ٹھنڈے ہاتھ پاؤں گرم ہو گئے تھے اور آنکھوں کی پتلیاں پھیل کر اس کی شکل کو غیر انسانی بنانے میں مصروف تھیں۔

وہ تو اس سیلز آفیسر کے کبھی ماتھے نہ لگتی لیکن دوسری صبح جب وہ ڈریسنگ ٹیبل کے

سامنے بیٹھی چہرے پر آئل آف اولے کی مالش کر رہی تھی کہ اس کے مونچھوں والے بیرے نے اطلاع دی کہ ایک صاحب ملنے آئے ہیں۔

"کیا نام ہے — ؟"

"جناب یہ کارڈ —" بیرے نے کریس خم ڈال کر چاندی کی ٹرے آگے بڑھا دی۔

چھوٹے سے کارڈ پر ترچھے حروف میں فاران سعید لکھا تھا اور نیچے سیدھے ٹائپ میں ایم۔اے برکلے کی ڈگری درج تھی۔ پہلے تو شائستہ کا دل چاہا کہ انکار کر دے لیکن پھر پہلے قدم میں ہی آخری قدم کا فیصلہ ہو چکا تھا۔ اس نے دل میں سوچا کیا بے چارے کو نوکری نہیں ملی۔ ذرا سی نازک مزاجی سے اُس کا کام بگڑ جائے گا۔

وہ ارادہ یہی لے کر گئی تھی کہ گھنٹی سادھے بیٹھی رہے گی اور ایسی سرد مہری سے پیش آئے گی کہ فاران کو اس راج درشن کا دوبارہ حوصلہ ہی نہ ہو گا لیکن جس وقت وہ اپنے ڈرائنگ روم میں داخل ہوئی تو اسے لگا فاران سعید رات سے گھٹ کر آدھا رہ گیا ہے۔ ماتا اور محبت اکٹھی عود کر آئیں۔

"اوہ جی سلام علیکم۔ معاف کیجیے میں نے صبح صبح آپ کو زحمت دی۔ دراصل نوکری کا تو اتنا مسئلہ نہیں تھا لیکن میں آپ سے اس قدر اس قدر امپریس ہوا رات کہ ساری رات سوچتا ہی رہا — آپ ڈنر سے اتنی جلدی کیوں لوٹ آئیں ! — بھلا؟"

اس نے آخری سوال کا جواب دینا مناسب نہ سمجھا۔ اس طرح آؤ ناں" شائستہ نے دل میں سوچا۔ راج رانی کے پاس کوئی گورے لمبے کی طرح اکڑا اکڑا تھوڑی جاتا ہے۔

"کیسے آئے ؟"

"بس جی آنا پڑا —"

یہ سوال شائستہ نے ملاقات کے تیسرے گھنٹے تک کوئی دس مرتبہ پوچھا لیکن ان تین گھنٹوں میں ایک بار بھی فاران نے نوکری کی بات نہ کی۔ بالآخر ہار کر اسی نے یہ ٹاپک کھولا اور وعدہ کیا کہ وہ

اس کی سفارش کرے گی۔ فاران اُن مردوں میں تھا جو بن کہے اپنی منوالیتے ہیں۔

پہلے وہ نوکری کی سفارش کے سلسلے میں آتا رہا۔ پھر نوکری کا شکریہ ادا کرنے کبھی بالوشاہی کبھی لڈوؤں کے ڈبے لانے لگا۔ ہر بار مٹھائی اس کے ضرور ساتھ ہوتی اور وہ نوکری کا ہی شکریہ ادا کرتا رہتا۔

پہلے پہل تو شائستہ کو لگا کہ فاران اس کے دبدبے میں آگیا ہے لیکن آہستہ آہستہ اسے محسوس ہونے لگا کہ فاران اس رنواس کا مالک ہو گیا ہے۔ پہلا سے شبہ ہوا کہ وہ عاشقوں کی قبیل سے ہے لیکن اب رفتہ رفتہ اسے احساس ہو چلا تھا کہ یہ کہنہ مشق محبوب قبیلے سے تعلق رکھتا ہے۔ فاران کو جنسِ مخالف میں بڑی دلچسپی تھی لیکن اپنا لوہا منوانے تک — وہ اسی حد تک توجہ دیتا تھا جب تک سامنے والا ہار نہ مان جائے۔

ابھی ہفتہ بھر پہلے آنٹی کا ماتھا ٹھنکا۔ وہ فاران کو لطیف صاحب کی موجودگی میں اپنے دونوں بیٹوں کی تصویریں دکھا رہی تھی۔ بار بار فاران کے ہاتھوں کو چھونے کا یہ چھوٹا سا داؤ تھا۔

"یہ میرا بڑا بیٹا احمد ہے اور یہ ہے چھوٹا علی — دونوں امریکہ میں ہیں۔ بڑا کامیاب پھیلا پھیلا ہے — اور یہ ان کی بیویاں ہیں روزی اور انیلا —"

روزی اور انیلا کی تصویریں فاران کے ہاتھ میں تھیں۔ لطیف صاحب صوفے میں بیٹھے کھلی آنکھوں سو رہے تھے اور تصویروں نے فاران کی آنکھوں میں نئی امیدیں جگا دی تھیں۔

اس نے ایک آنکھ میچ کر آنٹی کی طرف دیکھا — اور پھر آہستہ سے بولا:

"پتہ نہیں۔ میں ان دونوں میں سے کس کے لیے گر دوں گا — دونوں اچھی ہیں"۔

بات معمولی تھی۔ شائستہ کے موشل سرکل میں فلرٹ کرنے سے نیچرل ٹائم کا کام لیا جاتا تھا۔ لیکن پتہ نہیں کیوں وہ اندر سے ڈانواں ڈول ہو گئی — واقعی دونوں اچھی ہیں اور لوگوں کو گرانے کا فن جانتی تھیں۔

پھر آج صبح جب ٹیلکس ملی کہ اس کی بہویں روزی اور انیلا شام کو پہنچ رہی ہیں تو وہ شام کے

کپڑے سڑائی کر رہی تھی۔ اسی وقت فاران آگیا۔ رات کا ڈنر اس نے دل ہی دل میں فاران کو اپنے قدموں میں گرانے کے لیے کیا تھا پر اب وہ دونوں چٹکیوں میں اڑانے والی آرہی تھیں ــــ اس کا موڈ آف تھا جب وہ چوڑی دار پاجامے، حیدرآبادی قمیص اور تین گز لمبے دوپٹے میں فاران سے ملی۔

"اتنا بڑا ڈنر ہے اور شام کو روزی اور رانیلا بھی آرہی ہیں ــــ تین تو منسٹر آرہے ہیں ــــ میں انہیں کیسے ریسیو کرنے جاؤں گی ایئرپورٹ؟"

"آپ فکر نہ کریں ــــ میں چلا جاؤں گا ــــ اگر میں ان کو لے کر غائب ہو گیا تو ــــ"

"تم کہاں جاؤ گے ــــ چھوڑو ــــ اتنی ان فرسٹکیٹڈ تو نہیں ہیں ــــ"

"آپ نے تیاری کر لی ڈنر کی ــــ؟"

"ہاں۔ لباس تو منتخب کر لیا ہے لیکن زیور ابھی طے نہیں ہوا ــــ دیکھو میرا خیال ہے کہ میں اپنی ساس کی جیولری آج پہنوں گی ــــ"

شام کو جب وہ حیدرآبادی لباس پہنے اپنی ساس کا زیور پلنگ پر پھیلائے سوچنے میں مشغول تھی کہ اسے دنیا کی ایک اور بدترین خبر ملی ــــ فون کی گھنٹی بجے جارہی تھی اس کا خیال تھا کہ نیچے بیرا ریسیو کرے گا لیکن آخر وہ زیوروں کو چھوڑ کر فون کے پاس پہنچی۔

"السلام علیکم! ــــ"

"وعلیکم السلام فاران ــــ بھئی کہاں ہو۔ آدھے گھنٹے میں پہنچو ــــ بہت سے کام ہیں!"

فاران تھوڑا سا کھانسا۔ پھر بولا۔ "میں تو ایئرپورٹ پر ہوں آنٹی ــــ آپ نے کہا تھا ناں کہ آپ روزی اور رانیلا کو ریسیو کرنے نہیں آسکتیں۔ فلائٹ کچھ لیٹ ہو گئی ہے۔ بہرکیف ڈنر سے پہلے ہی پہنچ جائیں گے۔ آپ فکر نہ کریں ــــ"

آنٹی کو یقین ہو گیا کہ واقعی اب فکر کی ضرورت نہیں ہے۔ اس کی آنکھوں سے جانے کس زمانے کا سیلاب بند توڑ کر نکلا۔ وہ اپنی ساس کے زیوروں کو آہستہ آہستہ ڈبوں میں بند کرنے لگی۔ پھر اس کی نظر مروارید کی ایک تسبیح اور چند الائچی دانوں پر پڑی ــــ اس نے تسبیح پلنگ پر پڑی

پہنے دی۔ حیدر آبادی لباس اتارا اور آپا کے لیے فون کیا:

'دیکھو زینب! یہ دونوں جوڑے نیچے جاکر روزی اور انیلا بی بی کے کمرے میں رکھ دو۔ ان کا میرا ناپ ایک ہی ہے۔ جب وہ ایئر پورٹ سے آئیں تو انہیں بتا دینا کہ میں نے خاص اس ڈنر کے لیے بنوائے ہیں ___ یہ لباس پہن کر وہ تیار ہو جائیں ۔ باقی فاران ان کو سمجھا دیں گے۔'

جس وقت کمالِ احتیاط سے زینب جوڑے اٹھائے رخصت ہونے لگی تو شائستہ نے اسے پھر آواز دی:

'سنو زینب: لطیف صاحب کو بتا دینا روزی اور انیلا ہوسٹ ہوں گی۔ میں ڈنر پر نہیں آؤں گی۔ ان کو بتا دینا یہ میرے وظیفے کا وقت ہے ___'

زینب نے آج تک بیگم صاحبہ کے ہاتھ میں تسبیح نہیں دیکھی تھی۔

'اور اگر جی صاحب نے حکم دیا بلانے کا ___'

'دروازہ بند کر دو ___ کوئی اللہ کی درگاہ سے بھی بلایا جا سکتا ہے۔۔ روزی بی بی اور انیلا بی بی کو بتا دینا کہ میں انہیں صبح ملوں گی ___ مجھے ملنے کا حکم نہیں ہے۔'

دروازہ اندر سے مقفل کر کے وہ جائے نماز پر بیٹھ گئی ___

زندگی کے ترپن سال اس نے خزاں کے احساس کے بغیر کاٹے تھے۔ جب سے فاران اس کی زندگی میں آیا تھا اسے خزاں کا احساس ہونے لگا تھا ___ یکدم مروارید کی تسبیح پر اس کے آنسو گرے تو اسے عجیب قسم کی راحت محسوس ہونے لگی۔ اسے لگا کہ اس میدان میں اس کی بہوئیں اسے مات نہ دے سکیں گی ___ اس کھیل کی ابھی وہ بھیدی نہ ہوئی تھیں ___ آہستہ آہستہ بغیر کچھ پڑھے تسبیح کے دانے گر رہے تھے۔ منہ ہل رہا تھا ___ وہ جانتی تھی کہ روزی اور انیلا ابھی یہاں تک نہ آسکیں گی۔

آنسو اس کی تسبیح پہ گرتے جا رہے تھے اور نیچے مہمانوں کی آمد کا شور شروع ہو گیا تھا!

___

حسن خاتمہ

اسے پکاڈلی تک ہی تو جانا تھا۔

لیکن ہیمر سمتھ سے پکاڈلی تک کا راستہ اسے زندگی سے بھی لمبا لگ رہا تھا۔ آج وہ ٹھیک بتیس سال اور بتیس دن کی ہو گئی تھی اور یہ کچھ ایسی لمبی عمر بھی نہیں لیکن فائزہ کو محسوس ہو رہا تھا جیسے وہ کئی صدیوں سے زندہ ہے اور جیتی ہی چلی جا رہی ہے۔ اس کے نو سل بھی تیار ہو چکے ہیں لیکن زندگی ختم ہونے میں نہیں آتی۔

ہیمر سمتھ بھی عجیب نام تھا۔ لوہار کا ہتھوڑا۔ اگر پاکستان میں کسی جگہ کا نام لوہار کا ہتھوڑا ہوتا تو اس نام پر کتنی شرم آتی۔ پھر اس سٹیشن سے آگے شپرڈ بش تھا' چرواہے کی جھاڑی! یہ نام اردو میں بدلتے ہی کتنے چیپ' اجڈ اور ان کلچرڈ لگنے لگتے۔ سب سے پہلے لندن میں مستقل طور پر منتقل ہونے پر اسے اپنے لباس اور زبان پر ہی تو اعتراض ہوا تھا۔ یہ کیا' دو ٹانگوں والی "سنتھن" چاکوں والی قمیض' اوپر سے دوپٹے کا بھی دم چھلا۔ آدمی کتنا غیر مہذب لگتا ہے ایسے لباس میں — اوپر سے سلام علیکم سلام علیکم.....!

انگریزی میں جونہی گڈ مارننگ کہیں دل بشاش سا ہو جاتا ہے' مسکراہٹ چہرے پر آجاتی ہے۔ فائزہ سوچنے لگی اچھا ہی کیا عرب والوں نے کہ اب ٹیلی وژن پر سلام علیکم کی

بجائے مصباح الخیر کہتے ہیں۔ سلام علیکم کہتے تو کتنے اولڈ فیشنڈ لگتے۔

فائزہ، ہیر سمتھ کے سب وے میں داخل ہوئی اور جینز کی جیب میں سے دس دس پینی کے چار سکے نکال کر اس نے سلاٹ مشین میں ڈالے۔ مشین کے پیٹ میں سے زرد رنگ کی چالیس پینی کی ٹکٹ برآمد ہو گئی۔ وہ سب وے کے کھلے سٹیشن پر پیکاڈلی جانے والی ٹرین کے انتظار میں ایک بنچ پر بیٹھ کر تلی ہوئی مونگ پھلی کھانے لگی۔ یہ مونگ پھلی کا پیکٹ وہ اپنے اباجی کی دکان سے لائی تھی۔

گلاب تندوری سٹورز ارلز کورٹ پر واقع تھی اور فائزہ اس میں پچھلے دس سال سے مشین کی طرح کام کر رہی تھی۔ اس دکان کے تین سیکشن تھے۔ ایک طرف کھانے پینے کی اشیاء تھیں۔ جن میں طرح طرح کے بسکٹ، جیم، دودھ کے ڈبے، مکھن، ڈبل روٹی، پیتا بریڈ اور ایسی ہی ان گنت چیزیں تھیں۔ اسی سیکشن میں ایسے کھلے کیلوینٹر بھی تھے جن میں ٹھنڈی مرغیاں اور برف آلود سبزیاں تھیں۔ اس سیکشن کی دوسری جانب تازہ سبزیوں اور پھلوں کے ریک تھے۔ ان کے پیچھے سارا دن اس کا بھائی الیکٹرک آری کے ساتھ حلال گوشت کاٹتا رہتا تھا۔ اسی کاٹ پیٹ میں ایک روز اس کے بائیں انگوٹھے کو بھی ضرب آ گئی تھی اور وہ اس انگوٹھے کو قریبی ڈاکٹر سے پٹی بندھوا کر پھر گوشت کاٹنے آ کھڑا ہوا تھا۔

اس علاقے میں چونکہ عرب لوگ زیادہ رہتے تھے اس لیے سارا دن عرب خواتین اور مرد اس کی دکان سے حلال گوشت پکا پکایا ٹیک ہوم کھانا، ہندوستانی اچار، پاکستانی چاول اور پھل خریدنے آتے رہتے تھے۔ ان دونوں سیکشنوں کے علاوہ دکان کے پچھلے حصے میں

شراب بکتی تھی اور دکان کے اس گپت سیکشن میں اس کا باپ بیٹھا تھا۔ جس روز باپ کسی وجہ سے نہ آسکتا تو فائزہ اس حصے میں بیٹھتی اور اس کی چھوٹی بہن کاؤنٹر پہ بیٹھ کر حساب کتاب کرتی۔ ورنہ عام دنوں میں گلّے کی پاسبانی اور کیلکولیٹر پہ حساب کرنا، پینی کو پینی سے جوڑ کر پاؤنڈ بنانا اور پونڈوں کی گڈیاں جوڑ جوڑ کر خوش ہونا اس نے بہت جلد سیکھ لیا تھا۔

وہ پچھلے بارہ سال سے اس دکان کی دیکھ بھال میں شامل تھی۔ پاکستان میں اس نے ایف اے کیا تھا اور لندن آ کر وہ پڑھائی کرنا چاہتی تھی لیکن لندن میں صرف او لیول کرنے کے بعد اسے باپ کی دکان نے لپیٹ لیا۔ اس دکان کو وہ پاکستان میں بزنس کہتے تھے۔

پہلے جب ابا گلاب دین نے محنت مزدوری کر کے اور اماں نے ٹورسٹ بسوں میں کنڈکٹر لگ کر پیسے جمع کیے تو ان کے تینوں بچے اس جہد و جہد میں شامل نہ تھے۔ پھر ابا نے ارلز کورٹ میں بڑے ٹھکانے کی جگہ سستے داموں ایک ایسے پاکستانی سے خریدلی جو پاکستان واپس جا رہا تھا۔ اب اماں اور ابا مل کر دکان چلانے لگے۔ اماں رات کے وقت فائزہ اور حمیرا کی مدد سے بھنا ہوا گوشت، کابلی چنے، آلو مٹر، سموسے وغیرہ بناتی۔ پھر انہیں سلور ڈبوں میں بند کرتی۔ اور پرسٹیمپ کے ساتھ قیمت لکھی جاتی۔ پھر سارا دن اماں دکان پر گاہکوں سے نبڑتی رہتی اور ابا پرچون سال ڈھوتا لیکن جلد ہی کام بڑھنے لگا اور باپ نے ایک رات فیصلہ کیا کہ پاکستان سے زیادہ محبت کرنا نقصان دہ ثابت ہو سکتا ہے۔ سامنے والی دکان میں بہت سا ہندوستانی سامان بِکتا تھا اور اس کی بِکری خوب ہوتی تھی۔ ابا نے بھی ہندوستانی اچار بڑیاں پاپڑ رکھنے شروع کر دیے اور دیکھتے ہی دیکھتے اس کی دکان بھی چل نکلی۔

عربوں کے لیے حلال گوشت تو رکھا ہی جاتا تھا لیکن ابا نے محسوس کیا کہ اس گوشت کو کاٹنے اور پیکٹ بنانے کا لیبر بہت مہنگا ہے اس لیے اس نے زبیر کو کالج سے اٹھا لیا اور اس سیکشن کا مالک بنا دیا لیکن ابھی تک فائزہ کاؤنٹر پر بیٹھنے نہیں آئی تھی۔ وہ اور حمیرا گھر پر رہ کر دکان کے لیے کھانے دانے تیار کرتی تھیں۔

لیکن جلد ہی ابا نے محسوس کیا کہ عربوں کے علاوہ انگریز اور امریکن اور مقامی اطالوی لیبر بھی اس کی دکان پر آتے ہیں اور حلال گوشت کے علاوہ سؤر کا گوشت بھی بک سکتا ہے۔

کچھ دیر ابا گلاب دین ہچکچاتا رہا پھر اس نے یہ کہہ کر دل کو تسلی دی کہ آخر ہم کونسا یہ گوشت کھا تھوڑی رہے ہیں۔ صرف بیچنے میں کیا حرج ہے اور پھر ہم جس ملک میں آئے بیٹھے ہیں وہاں تو

تو ہر جگہ یہ مال بکتا ہے اور ہر چیز میں اس کی چربی پڑتی ہے۔ اس سے پہلے ابا ایسے بسکٹ کیک، پنیر، چاکلیٹ وغیرہ بھی نہ لاتا تھا جن میں سؤر کی چربی پڑی ہوتی۔ وہ سودا لانے سے پہلے کئی کئی گھنٹے اس بات کی تفتیش میں صرف کرتا کہ جو بسکٹ کیک وہ خرید رہا ہے وہ صرف مکھن میں تیار ہوئے ہیں یا نہیں ___ لیکن جب ابا کو بےچارے سفید فام گاہکوں پر بہت ترس آنے لگا کہ وہ اس کی کم نظری اور دقیانوسی خیالات کی وجہ سے مایوس لوٹتے ہیں تو حلال گوشت کے علاوہ اور قسم کے گوشت بھی دکان پر بکنے لگے۔ ساتھ ساتھ دوسری اشیاء خریدتے وقت بھی ابا نے یہ پڑھنا چھوڑ دیا کہ کن کن اشیاء کے مرکب سے یہ سامان بنا ہے۔ اب گلاب دین سٹورز پر ایسے بسکٹ، کیک، پنیر ملنے لگے جن میں سؤر کی چربی کا امتزاج ہوتا۔ ابا گلاب دین کا خیال تھا کہ سؤر کا گوشت کھانا منع ہے اسے بیچنا منع نہیں ہے۔

جب گلاب سٹورز بہت مالدار ہونے لگا تو ابا کو خیال پیدا ہوا کہ دکان کے دو سکشنوں کے علاوہ تیسرا سکشن بھی ضروری ہے۔ اس سکشن میں اس کا ارادہ شراب وغیرہ رکھنے کا تھا۔ کچھ عرصہ تو اس نے اپنے بچوں اور بیوی سے یہ ارادہ چھپائے رکھا لیکن جب تیسرے سکشن میں لکڑی کے ریک اور کاؤنٹر بن گئے۔ شرابوں کے کریٹ آگئے اور سجائے گئے تو ابا گلاب دین نے محض اطلاعاً اپنے اپارٹمنٹ میں کہا کہ اب گلے پر بیٹھنے والا کوئی نہیں اس لیے فائزہ روز دکان پر بیٹھا کرے گی اور اماں اور چھوٹی حمیرا میک اوے کھانا تیار اور پیک کریں گی۔

پتہ نہیں ابا گلاب دین اماں سے ڈر رہا تھا یا شاید اس کا خیال تھا کہ ایک گندمی رنگ کی بال کٹی جینز پہننے والی لڑکی بیرونی کاؤنٹر بہتر سنبھال سکتی ہے ___ فائزہ کو پہلے پہل تھوڑا دھکا لگا لیکن وہ جانتی تھی کہ ہر نئی تبدیلی اوّل اوّل دوسروں کو اور خود اپنے آپ کو چونکا دیتی ہے۔ اچھے ذہین لوگ وہ ہوتے ہیں جو نئے ماحول سے جلد ہی مطابقت پیدا کر لیں۔

اسی طرح جب اس نے شلوار قمیض چھوڑ کر اس لیے پتلون بلاوز پہنی تھی کہ اتنی سردی میں دیسی لباس کام نہیں آتا۔ تب کچھ دن تک وہ کڑ بڑاتی رہی تھی۔ پھر رفتہ رفتہ وہ جینز کی ایسی عادی ہوئی کہ اب شلوار قمیض پہنتے ہوئے ہچکچاہٹ ہوتی تھی۔ ایسے ہی وہ تمام تبدیلیاں جو شروع میں حیران کرنے والی بدظن اور بدگمان رکھنے والی تھیں، اب معمول بن گئی تھیں لیکن گلاب سٹورز میں شراب بھی بکے گی اس کے لیے کافی دنوں تک بدحواسی، بے چینی اور منتشر کرنے کا موجب رہی۔

فائزہ کے لیے ایک مشکل تھی۔ وہ اپنی ماں کی بجائے اپنی دادی کی گود میں پلی تھی اور دادی نے اسے پرانی قدریں، اپنا چودہ سو سال پرانا مذہب اور بڑی پرانی تہذیب حوالے کی تھی۔ لندن آنے سے پہلے جب دادی نے ساتھ چلنے سے انکار کر دیا تو فائزہ کو بہت دکھ ہوا۔

"کیوں دادی کیوں ___؟"

"اب میری آخری عمر ہے میں چاہتی ہوں میرا انجام نیک ہو ___ حسنِ خاتمہ کی خواہش ہے میری ___"

"کیا مطلب ___ آپ وہاں ہم سب کے ساتھ ہوں گی۔ وہاں انجام نیک کیوں نہ ہوگا؟"

"لباس، زبان، مذہب ___ موسم ___ کوئی ایک بات فرق ہو تو بتاؤں۔ وہاں تو سب کچھ ہی بدلا ہوگا ___ میں اپنی کس کس چیز کو بچاؤں گی"۔

"آپ کا خیال ہے لندن میں نیک لوگ نہیں بستے ___ ان کے انجام نیک نہیں ہوتے . . . . ."

"لے لے بے بے۔ الٹی کھوپڑی ہے تیری فائزہ ___ میں نے یہ سب کب کہا ہے؟ میں تو کہتی ہوں وہ جگہ فرق ہے ___ اگر میں تیرے ساتھ گئی تو

بڑی مصیبت پڑے گی۔"

"وہ کیسے؟ ——" فائزہ نے چڑ کر کہا۔

"میں جو وہاں گئی اور وہاں کی مخلوق مجھے مختلف نظر آئی تو دو ہی صورتیں ہیں یا تو میں اپنے آپ کو سچا سمجھنے کے لیے ان پر نکتہ چینی کروں گی۔"

"تو کیا بنا نکتہ چینی سبھی کرتے ہیں سفید آدمی پر نکتہ چینی اور پھر بھی اس کی تقلید کرتے ہیں۔"

"ناں ناں ناں ناں —— وہ بھی اللہ کی مخلوق ہے —— کون جانے رب کی نظر میں کون اچھا ہے کون بُرا ——"

"پھر جب آپ اتنی لبرل ہیں دادی تو چلیں ناں ——"

"یہ کیا لفظ بولا تُو نے ——"

"لبرل —— فراخ دل ——"

"ہاں بھئی جو میں فراخدل ہو گئی تو دوسری صورت پیدا ہو گی کہ میں ان کی ماننے لگوں گی —— مروّت کے ساتھ —— رعب میں آکر —— اور پھر کون جانے کس وقت میں اپنے نیک انجام سے بچھڑ جاؤں ——"

"تو آپ کا خیال ہے وہ لوگ غلط رہتے ہیں غلط سوچتے ہیں ——"

"ہائے لڑکی یہ میں نے کب کہا —— جو یہاں ہے ٹھیک ہے —— صرف کوّا ہنس کی چال چلے تو اس کا حسنِ خاتمہ نہیں ہوتا۔"

ببر سمتو کے سب سے بڑے بیٹی فائزہ سوچ رہی تھی کوّوں کے متعلق، ہنسوں کی چال کے متعلق —— اور بار بار نائیجل اس کی آنکھوں کے سامنے آکر کھڑا ہو جاتا تھا۔ اس کی موتگ پھلی کا پیکٹ ختم ہونے کو آرہا تھا لیکن بیکا ڈلی جانے والی ٹرین ابھی نہیں آئی تھی۔

نائیجل کی آنکھیں اتنی ہلکی نیلی تھیں کہ کبھی کبھی بالکل زرد سی نظر آتیں۔ اس کے ہونٹ،

رخسار، ہاتھ سب پلاسٹک کی طرح گلابی تھے۔ وہ مہذب لوگوں کی طرح بہت آہستہ بولتا تھا اور بہت تیز چلتا تھا۔

سب سے پہلے فائزہ کی ملاقات نائیجل سے اس دن ہوئی جب وہ شراب خریدنے کے لیے گلاب سٹورز میں پہلی مرتبہ آیا اس دن ابا گلاب دین کسی کام کی وجہ سے باہر گیا ہوا تھا۔ اور حمیرا بیرونی کاؤنٹر پر تولنے، حساب کتاب کرنے اور مسکرانے میں مشغول تھی۔

نائیجل نے ڈھائی پونڈ کی بوتل اور چند بیئر کے ڈبے خریدے پھر بہت آہستہ سے بولا: "کیا آپ قیمت یہاں وصول کریں گی؟"

"نہیں۔ باہر میری بہن کاؤنٹر پر ہے"۔

سر کے اشارے سے نائیجل نے بائی بائی کہا اور چلنے لگا۔ پھر پتہ نہیں اس کے دل میں کیا آئی کہ وہ رک کر بولا:

"تم ایک خوبصورت ایشیائی لڑکی ہو ___ ایسی ہسپانوی رنگت بہت کم دیکھنے میں آتی ہے"۔

اکتیس سال کی عمر میں اگر کوئی ایسی بے ساختہ بات کہہ دے تو دل میں اچانک خوشبوؤں کی پنیری لگ جاتی ہے اور ایسی زندگی جو بارہ سال سے روٹین کی نذر ہو، یکدم نئے پھوٹتے ہوئے چشمے کی طرح اُبلنے لگتی ہے۔

ایسے ہی نائیجل دوسرے چوتھے شراب لینے آتا رہا۔ اب ان دونوں میں مسکراہٹوں کا لین دین عام ہو گیا تھا۔ پھر بھی دونوں یکدم اس بات سے بہت آگاہ ہو گئے تھے کہ وہ قطعی طور پر مختلف ہیں۔ جو فرق اب تک انہیں محسوس نہ ہوتے تھے اب کھُل کر سامنے آ گئے تھے اور وہ دونوں پہلی مرتبہ کلچرل شاک سے خوفزدہ تھے۔ اسی ری باؤنڈ کی شکل میں وہ ایکدن الجھ گئے۔

وطن میں تھی تو رشتہ داری دوست داری میں حتی الوسع دل رکھنے کی خاطر جھوٹ بول بول کر

وہ اچھی خاصی منافق ہو چکی تھی لیکن یہاں چونکہ رشتوں کا پاس نہ تھا اس لیے وہ بڑی سچی اور کھری ہو چکی تھی اور اس بات کا بھی اسے علم نہ تھا کہ یہ تبدیلی اس میں کب اور کیسے آئی؟

ہوا یوں کہ نائیجل جس وقت دکان میں داخل ہوا وہ اخبار پڑھ رہی تھی۔ نائیجل نے اسے بلانے کی کوشش نہ کی اور وہ بھی اخبار کا ایک پیج دیکھنے لگا۔ پھر پتہ نہیں وہ دونوں کتنی دیر تک پڑھتے رہے کہ اچانک حمیرا شراب والے سکشن میں داخل ہوئی۔

'آپا ــــ میں ذرا ہمیر سمتھ جا رہی ہوں خالہ جمیلہ کے پاس ــــ آپ باہر آ جائیں ــــ'

'اچھا ــــ'

دیر تک نائیجل اچھا اچھا کرتا رہا اور مسکراتا رہا۔ پھر پتہ نہیں اسے کیا ہوا کہ اس نے اخبار لٹ کر فائزہ کے سامنے رکھا۔ اس صفحے پر ہیروئن سمگل کرنے کے جرم میں ایک پاکستانی کی تصویر چھپی تھی اور ساتھ کس طرح اور کیسے وہ پکڑا گیا تھا، اس کی تمام تفصیلات درج تھیں۔

'یہ تم لوگ ہیروئن کیوں سمگل کرتے ہو؟'

شراب کی دکان میں شراب بیچتے ہوئے وہ یکدم حیران رہ گئی۔

'اور تم لوگ جو صدیوں سے تھرڈ ورلڈ کو شراب بیچتے رہے ہو ــــ اپنی شراب کو خوبصورت رنگوں سے سجا کر، ان کی تصویریں چھاپ کر اتنی اشتہار بازی کرتے ہو وہ کچھ نہیں۔'

پہلی مرتبہ نائیجل کی آنکھیں گہری نیلی ہو گئیں۔

'شراب تباہ کن نہیں ہے۔ ہیروئن تو مار دیتی ہے ختم کر دیتی ہے۔'

'اور وہ لوگ جو سب وے سٹیشنوں پر شراب کے نشے میں اوندھے پڑے ہوتے ہیں وہ ــــ وہ ختم نہیں ہوتے!'

نائیجل کے پاس سائنسی تاویلیں تھیں۔ فائزہ کے پاس ایمانی انسانی تاویلیں تھیں۔

دونوں ٹھیک تھے —— دونوں بے حد غلط بھی تھے —— پہلے الزامی گفتگو ہوئی۔ پھر جھگڑا ہوا اور اس کے بعد یکدم محبت کا جذبہ بیدار ہو گیا۔

کبھی کبھی شدید ٹکراؤ ٹوٹنے کے ساتھ ساتھ اپنی بقا کا مسئلہ بھی کھڑا ہو جاتا ہے۔ اب نائجل اور فائزہ کو ایک دوسرے سے وابستگی اپنی اپنی بقا کی شکل میں نظر آئی اور وہ دونوں گلاب سٹورز سے باہر نکل کر بھی ملنے لگے۔

پھر ملاقات سے وہی نتیجہ نکلا کہ انہیں ضرورت محسوس ہوئی کہ وہ یک جان اور یک قالب بن جائیں لیکن جب جذبے سے پرے دنیاوی طور پر معاملات طے ہونے لگے تو سب سے بڑا مسئلہ مذہب کا نکل آیا۔ نائجل اپنا دیس، زبان، لباس، سب کچھ بدلنے کو تیار تھا، صرف وہ اپنا مذہب بدلنا نہیں چاہتا تھا۔ یہ مذہب سوائے کرسمس منانے کے اس کے کام بھی نہ آتا تھا۔ وہ چرچ، کرائسٹ اور بائبل سب کو سنجیدگی سے نہیں لیتا تھا —— پھر بھی اتنی بڑی تبدیلی کے لیے اس کی روح رضامند نہ تھی۔

دو روز پہلے جب وہ جمیلہ خالہ کے پاس ہمیر سمتھ آئی تھی تو نائجل اسے ملنے آیا تھا۔ شام تھی اور وہ دونوں خالہ کے اپارٹمنٹ میں بیٹھے تھے۔ فائزہ کا خیال تھا کہ نائجل کبھی بھی اسے ملنے ہمیر سمتھ نہیں آئے گا کیونکہ آج تک وہ کبھی ان کے گھر نہیں گیا تھا لیکن شام کو اچانک نائجل کو خالہ کے اپارٹمنٹ میں دیکھ کر فائزہ کا دل گرم سویٹر کے اندر پھیلنے لگا گھر پر کوئی نہ تھا۔ خالہ، خالو، ان کی دونوں بیٹیاں، سب کاموں پر تھے —— وہ کھڑکی میں کھڑی ہو کر نیچے چلنے والی خوبصورت بنیوں کو دیکھنے لگی۔ سڑک کنارے بنے ہوئے چرچ کا چھوٹا سا باغیچہ گلاب کے پھولوں سے بھرا پڑا تھا۔

وہ دونوں چپ تھے!

لباس، زبان، مذہب، کلچر، موسم۔ اتنے سارے فاصلوں کی چپ ان کے ہونٹوں پر تھی۔

بڑی دیر کے بعد نائیجل نے کہا:

"میں تمہارے والد سے ملنا چاہتا ہوں۔"

"کیوں۔ کس لیے؟"

"شاید اُن میں تم سے زیادہ عقل ہو ۔۔۔" مسکرا کر نائیجل نے کہا

فائزہ کے سامنے اپنا باپ آ گیا جو پاکستان سے اس لیے بھاگا تھا کہ وہاں غریبی تھی اور یہاں اس لیے پھنس گیا تھا کہ یہاں امیری تھی۔

"فیصلہ تو بالآخر میرا ہو گا نائیجل"

"تم تو کہا کرتی ہو کہ تمہارے ملک میں شادیاں ماں باپ کی مرضی سے طے ہوتی ہیں۔"

"لیکن یہ ہمارا ملک نہیں ہے ناں نائیجل" فائزہ بولی۔

"تمہارے پاس برٹش پاسپورٹ ہے ۔۔۔"

"ہاں ہے۔"

"پھر تم وہ تمام حقوق انجوائے کرتی ہو جو یہاں کے کسی نیشنل کے ہیں۔"

"لیکن میں وہ تمام فرائض ادا نہیں کر سکتی جو یہاں کے مقامی ادا کرتے ہیں۔"

وہ دونوں دیر تک خاموش رہے۔ پھر نائیجل نے اٹھتے ہوئے کہا:

"سنو فائزہ! میں مذہب تبدیل نہیں کر سکتا کیونکہ ۔۔۔ اس لیے نہیں کہ میں ۔۔۔ عیسائی مذہب میں یقین رکھتا ہوں بلکہ صرف اس لیے کہ میں اسلام کو جانتا ہی نہیں۔"

"آہستہ آہستہ جاننے لگو گے ۔۔۔"

"ہو سکتا ہے آہستہ آہستہ جاننے کے پروسیس میں میں اسلام کو قبول کرنے سے ہی انکار کر دوں۔ ۔۔۔ میں مذہبی آدمی ہی نہیں ہوں فائزہ ۔۔۔ میری ماں نے مجھے پرورش نہیں کیا۔ وہ کام کرتی تھی ۔۔۔ اور ہمیشہ اتنی تھکی ہوئی لوٹتی تھی کہ اس کا چہرہ دیکھ کر اس سے کوئی بھی بات نہیں کی جا سکتی تھی ۔۔۔ ہم دونوں فقط ۔۔۔ کبھی کبھی ایک دوسرے کے

محبت کی نگاہ سے دیکھ لیتے تھے۔ اس نے مجھے تجربے سے سیکھنے کے لیے آزاد چھوڑ دیا تھا — میں نے سب کچھ بڑے مہنگے داموں سیکھا ہے — لیکن میں جانتا ہوں کہ میں مذہب کے متعلق کچھ نہیں سیکھ سکوں گا — مذہب تو کسی گود سے سیکھا جاتا ہے۔ میں تو گود ی میں پلا ہی نہیں —"

فائزہ چاہتی تھی کہ وہ آگے بڑھ کر نائیجل کو اپنی باہوں میں لے لے لیکن اس وقت وہ مضبوط رہنا چاہتی تھی۔

"لیکن — پھر تو — شادی نہیں ہو سکے گی نائیجل —"

"ہم سول میرج کر سکتے ہیں فائزہ —"

جب عورت بتیس سال بتیس دن کی ہو چکی ہو اور اس کی زندگی میں ایک عرصے سے گیت، چاندنی اور باغ بے معنی ہو گئے ہوں تو اچانک نیلی آنکھوں کا اس نہتی پہ وہی اثر ہوتا ہے جو فائزہ پر ہوا۔

وہ سول میرج پر رضامند ہو گئی۔

اسے پکاڈلی تک ہی تو جانا تھا۔

پکاڈلی سب وے سے تھوڑی ہی دور نائیجل کتابوں کی دکان میں کام کرتا تھا سو وہاں پہنچ کر فائزہ کو بڑی ہمت کے ساتھ آخری بار نائیجل کو خدا حافظ کہنا تھا۔

پتہ نہیں کیوں ساری رات وہ بے قرار رہی تھی۔ اسے ڈر لگ رہا تھا کہ اگر وہ نائیجل سے شادی کرے گی تو اس کا حسنِ خاتمہ نہیں ہو گا — اسے یہ خوف نہیں تھا کہ وہ اور نائیجل تھوڑی دیر کے بعد بڑی بڑی لڑائیاں لڑنے لگیں گے اور چھوٹی چھوٹی بات پر لمبے لمبے مباحثے ہوں گے بلکہ وہ جانتی تھی کہ جس طرح وہ دادی کی ساری تعلیم بھول گئی تھی اسی طرح ہر روز دن چڑھتے ہی نائیجل سے اور زیادہ پیار کرے گی۔ ہر روز پہلے دن سے زیادہ اس کے رنگ میں رنگی جائے گی۔ اسے اپنا نام، مذہب، ملک، سب کچھ بھول جائے گا اور

وہ اپنے آپ کو نائیجل سمجھنے اور بنانے میں اتنی دور نکل جائے گی کہ حسنِ خاتمہ کا تصور بھی لس کے ساتھ نہ رہے گا۔

آخر بتیس سال بتیس دن کی عورت کے پاس اپنی روٹین سے نکلنے کا یہی تو ایک موقع تھا۔

دُور گھلے سب وے سے ٹرین کی آواز آرہی تھی۔

مونگ پھلی کا پیکٹ ختم ہو چکا تھا۔

اسے پکاڈلی تک ہی تو جانا تھا — آخری بار نائیجل سے ملنے کے لیے بغیر وجہ بتائے شادی سے انکار کرنے کے لیے۔

ٹرین رکی۔ اس نے اپنے بیگ کو مضبوطی سے تھاما اور اندر داخل ہوئی۔ پھر ایک سیٹ پر بیٹھتے ہوئے فائزہ نے سوچا:

"میرے مولیٰ — یہ بھی کیسی آزمائش بھری زندگی ہے۔ لوگ تو کہتے ہیں کہ مغرب میں زندگی آسان ہوتی ہے — پھر یہ کیسا مغرب ہے اور یہ کیسی زندگی ہے کہ مجھے لگتا ہے کہ میں صدیاں جی چکی ہوں۔ میرا فوسل بن چکا ہے لیکن زندگی ختم ہونے میں نہیں آتی — میرے آقا — یہ سب کیا ہے — وہاں غریبی کے دکھ تھے۔ یہاں امیری نے گلہ دبا رکھا ہے — وہاں رسوم کی قید سے زندگی دم گھٹت تھی۔ یہاں آزادی ہر جگہ ہانے لیے جاتی ہے جیسے کاغذ کا پرزہ تند آندھیوں میں آوارہ ہو — یہ سب کیا ہے یہاں اور وہاں — کیا ہے میرے خدا — حسنِ خاتمہ کب ہو۔ کہاں ہو۔ کیسے ہو!"

توبہ شکن

بی بی رو رو کر ہلکان ہو رہی تھی۔ آنسو بے روک ٹوک گالوں پر نکل کھڑے ہوئے تھے۔

"مجھے کوئی خوشی راس نہیں آتی۔ میرا نصیب ہی ایسا ہے۔ جو خوشی ملتی ہے ایسے ملتی ہے گویا کوکا کولا کی بوتل میں ریت ملادی ہو کسی نے"۔

آنکھیں سرخ ساٹن کی طرح چمک رہی تھیں اور سانسوں میں دمے کے اکھڑے پن کی سی کیفیت تھی۔ پاس ہی پپو بیٹھا کھانس رہا تھا۔ کالی کھانسی نامراد کا ہلا جب بھی ہوتا بیچارے کا منہ کھانس کھانس کر بینگن سا ہو جاتا۔ منہ سے رال بہنے لگتا اور ہاتھ پاؤں اینٹھ سے جاتے۔ امی سامنے چپ چاپ کھڑکی میں بیٹھی ان دنوں کو یاد کر رہی تھیں جب وہ ایک ڈی سی کی بیوی تھیں اور ضلع کے تمام افسروں کی بیویاں ان کی خوشامد کیا کرتی تھیں۔ وہ بڑی بڑی تقریبوں میں مہمانِ خصوصی ہوا کرتیں، اور لوگ ان سے درخت لگواتے، ربن کٹواتے ــــ انعامات تقسیم کرواتے۔

پروفیسر صاحب ہر تیسرے منٹ مدھم سی آواز میں پوچھتے ــــ "لیکن ــــ آخر بات کیا ہے بی بی ــــ ہوا کیا ہے ــــ"

وہ پروفیسر صاحب کو کیا بتاتی کہ دوسروں کے اصول اپنانے سے اپنے اصول بدل

نہیں جاتے صرف ان پر غلاف بدل جاتا ہے۔ ستار کا غلاف، مشین کا غلاف، تکیے کا غلاف —— درخت کو ہمیشہ جڑوں کی ضرورت ہوتی ہے۔ اگر اسے کرسمس ٹری کی طرح یونہی واب واب کر مٹی میں کھڑا کر دیں گے تو کئے دن کھڑا رہے گا۔ بالآخر تو گرے ہی گا۔

وہ اپنے پروفیسر میاں کو کیا بتاتی کہ اس گھر سے رشتہ تڑوا کر جب وہ بانو بازار پہنچی تھی اور جس وقت وہ ربڑ کی ہوائی چپلوں کا بھاؤ چار آنے کم کروا رہی تھی تو کیا ہوا تھا؟

اس کے بوائی پھٹے پاؤں ٹوٹی چپلی میں تھے۔ ہاتھوں کے ناخنوں میں برتن مانجھ مانجھ کر کیچ جمی ہوئی تھی۔ سانس میں پیاز کے باسی لچھوں کی بو تھی۔ قمیض کے بٹن ٹوٹے ہوئے اور دوپٹے کی لیس ادھڑی ہوئی تھی۔ اس ماندے حال جب وہ بانو بازار کے ناکے پر کھڑی تھی تو کیا ہوا تھا؟

یوں نو دن چڑھتے ہی روز کچھ نہ کچھ ہوتا ہی رہتا تھا پر آج کا دن بھی خوب رہا۔ ادھر پچھلی بات بھرتی تھی ادھر نیا تھپڑ لگتا تھا۔ ادھر تھپڑ کی ٹیس کم ہوتی تھی۔ ادھر کوئی چٹکی کاٹ لیتا تھا۔ جو کچھ بانو بازار میں ہوا وہ تو فقط فل سٹاپ کے طور پر تھا۔

صبح سویرے ہی سنتو جمعدارنی نے برآمدے میں گھستے ہی کام کرنے سے انکار کر دیا۔ رانڈ سے اتنا ہی تو کہا تھا کہ نالیاں صاف نہیں ہوتیں۔ ذرا دھیان سے کام کیا کر۔ بس جھاڑو وہیں پٹخ کر بولی:

"میرا حساب کر دیں جی ——"

کتنی خدمتیں کی تھیں بدبخت کی۔ صبح سویرے تام چینی کے مگ میں ایک رس کے ساتھ چائے۔ رات کے جھوٹے چاول اور باسی سالن روز کا بندھا ہوا تھا۔ چھ مہینے کی نوکری میں تین نائلون جالی کے دوپٹے۔ امی کے پرانے سلیپر اور پروفیسر صاحب کی قمیض لے گئی

تھی۔ کسی کی جرأت نہ تھی کہ اسے جمعدارنی کہہ کر بلا لیتا۔ سب کا سنتو سنتو کہتے منہ سوکھتا تھا۔ پر وہ تو طوطے کی سگی پھوپھی تھی ــــ ایسی سفید چشم واقع ہوئی کہ فوراً حساب کر، جھاڑو بغل میں داب، سر پر ٹلیفی دھر ــــ یہ جا وہ جا۔

بی بی کا خیال تھا کہ تھوڑی دیر میں آ کر پاؤں پکڑے گی۔ معافی مانگے گی اور ساری عمر کی غلامی کا عہد کرے گی۔ بھلا ایسا گھر اسے کہاں ملے گا۔ پر وہ تو ایسی دفان ہوئی کہ دوپہر کا کھانا پک کر تیار ہو گیا پر سنتو جمعدارنی نہ لوٹی۔

سارے گھر کی صفائیوں کے علاوہ غسلخانے بھی دھونے پڑے اور کمروں میں ٹاکی بھی پھیرنی پڑی۔ ابھی کمر سیدھی کرنے کو لیٹی ہی تھی کہ ایک مہمان بی بی آ گئیں۔ منے کی آنکھ مشکل سے لگی تھی۔ مہمان بی بی حسنِ اتفاق سے ذرا اونچا بولتی تھیں۔ منا اٹھ بیٹھا اور اٹھتے ہی کھانسنے لگا۔ کالی کھانسی کا بھی ہر علاج کر دیکھا تھا پر نہ تو ہومیوپیتھی سے آرام آیا نہ ڈاکٹری علاج سے۔ حکیموں کے کشتے اور معجون بھی رائیگاں گئے۔ بس ایک علاج رہ گیا تھا اور یہ علاج سنتو جمعدارنی بتایا کرتی تھی۔ بی بی! کسی کالے گھوڑے والے سے پوچھو کہ منے کو کیا کھلائیں۔ جو کہے سو کھلاؤ۔ دنوں میں آرام آ جائے گا۔

لیکن بات تو مہمان بی بی کی ہو رہی تھی۔ ان کے آنے سے سارے گھر والے اپنے اپنے کمروں سے نکل آئے اور گرمیوں کی دوپہر میں خورشید کو ایک مدد بوتل لینے کے لیے بھگا دیا گیا۔ ساتھ ہی اتنا سارا سودا اور بھی یاد آ گیا کہ پورے پانچ روپے دینے پڑے۔

خورشید پورے تین سال سے اس گھر میں ملازم تھی۔ جب آئی تھی تو بغیر دوپٹے کے کھوکھے تک چلی جاتی تھی اور اب وہ بالوں میں پلاسٹک کے کلپ لگانے لگی تھی۔ چوری چوری پیروں کو کیوٹیکس اور منے کو پاؤڈر لگانے کے بعد اپنے چہرے پر بے بی پاؤڈر استعمال کرنے لگی تھی۔ جب خورشید موٹی ململ کا دوپٹہ اوڑھ کر ہاتھ میں خالی سکواش کی بوتل لے کر سراج کے کھوکھے پر پہنچی تو سڑکیں بے آبادسی ہو رہی تھیں۔ پانچ روپے کا نوٹ جو اس کے ہاتھ میں

بنی سی بن گیا تھا، نقدی والے ٹین کی ٹرے میں دھرتی ہوئی خورشید بولی:

"ایک بوتل مٹی کا تیل دو ـــ دو سات سو سات کے صابن۔ تین پان سادہ ـــ چار میٹھے ـــ ایک نکی سفید دھاگے کی ـــ دو لولی پاپ اور ایک بوتل ٹھنڈی ٹھار نیون اپیک ـــ"

روڑی کوٹنے والا انجن بھی جا چکا تھا اور کولتار کے دو تین خالی ڈرم تازہ کوٹی ہوئی سڑک پر اوندھے پڑے تھے۔ سڑک پر سے حدت کی وجہ سے بھاپ سی اٹھتی نظر آتی تھی۔

دائی کی لڑکی خورشید کو دیکھ کر سراج کو اپنا گاؤں دکھلایا: آگید دھنتے میں اسی وضع قطع، اسی چال کی مینڈ دری سے رنگ کی نوبالغ لڑکی حکیم صاحب کی ہوا کرتی تھی۔ ٹانسے کا برقعہ پہنتی تھی۔ انگریزی صابن سے منہ دھوتی تھی اور شاید خمیرہ گاؤ زبان اور کشتہ مروارید بمعہ شربت صندل کے اتنی مقدار میں پی چکی تھی کہ جہاں سے گزر جاتی سیب کے مربے کی خوشبو آنے لگتی۔ گاؤں میں کسی کے گھر کوئی بیمار پڑ جاتا تو سراج اس خیال سے اس کی بیمار پرسی کرنے ضرور جاتا کہ شاید وہ اسے حکیم صاحب کے پاس دوا لینے کے لیے بھیج دے۔ جب کبھی ماں کے پیٹ میں درد اٹھتا تو سراج کو بہت خوشی ہوتی۔ حکیم صاحب ہمیشہ اس نفخ کی مریضہ کے لیے دو پڑیاں دیا کرتے تھے۔ ایک خاکی پڑیا گلاب کے عرق کے ساتھ پینا ہوتی تھی اور دوسری سفید پڑیا سونف کے عرق کے ساتھ ـــ حکیم صاحب کی بیٹی عموماً اسے اپنے خط پوسٹ کرنے کو دیا کرتی۔ وہ ان خطوں کو لال ڈبے میں ڈالنے سے پہلے کتنی کتنی دیر سونگھتا رہتا تھا۔ ان لفافوں سے بھی سیب کے مربے کی خوشبو آیا کرتی تھی۔

اس وقت دائی کرمو کی بیٹی گرم دوپہر میں اس کے سامنے کھڑی تھی اور سارے میں سیب کا مربہ پھیلا ہوا تھا۔

پانچ روپے کا نوٹ نقدی والے ٹرے میں سے اٹھا کر سراج نے چپکے چپکے نظروں سے

خورشید کی طرف دیکھا اور ھنکار کر بولا ــــ 'ایک ہی سانس میں اتنا کچھ کہہ گئی۔ آہستہ آہستہ کہو نا۔ کیا کیا خریدنا ہے؟"

'ایک بوتل مٹی کا تیل ــــ دو سات سو سات صابن ــــ تین پان سادہ اچار میٹھے۔ ایک نکی بٹر فلائی والی سفید رنگ کی ــــ ایک بوتل سیون اپ کی ــــ جلدی کر، گھر مہمان آئے ہوئے ہیں"۔

سب سے پہلے تو سراج نے کھٹاک سے سبز بوتل کا ڈھکنا کھولا اور بوتل کو خورشید کی جانب بڑھا کر بولا:

'یہ تو ہو گئی بوتل اور ــــ'

"بوتل کیوں کھولی تُو نے ــــ اب بی بی جی ناراض ہوں گی ــــ"

'میں تو سمجھا کہ کھول کر دینی ہے ــــ"

'میں نے کوئی کہا تھا تجھے کھولنے کے لیے"۔

'اچھا اچھا بابا۔ میری غلطی تھی۔ یہ بوتل تو پی لے میں ڈھکنے والی اور دے دیتا ہوں تجھے ــــ'

جس وقت خورشید بوتل پی رہی تھی، اس وقت بی بی کا چھوٹا بھائی اظہر ادھر سے گزرا۔ اسے سڑاسے بوتل پیتے دیکھ کر وہ مین بازار جانے کے بجائے الٹا چودھری کالونی کی طرف لوٹ گیا اور اپنی ٹاپ کے کوارٹر میں پہنچ کر برآمدے ہی سے بولا:

'بی بی! آپ یہاں بوتل کا انتظار کر رہی ہیں اور وہ لاڈلی وہاں کھوکھے پر خود بوتل پی رہی ہے سڑا لگا کر ــــ"

بھائی تو اخبار والے کے فرائض سرانجام دے کر سائیکل پر چلا گیا لیکن جب دو روپے تیرہ آنے کی ریزگاری مٹھی میں دبائے، دوسرے ہاتھ میں مٹی کے تیل کی بوتل اور بُکل میں سات سو سات صابن کے ساتھ سیون اپ کی بوتل لیے خورشید آئی تو سنتو جمعدارنی کے

حصے کا غصہ بھی خورشید پر ہی اترا۔

"اتنی دیر لگ جاتی ہے تجھے کھو کھے پر۔"

"بڑی بھیڑ تھی جی —"

"سراج کے کھو کھے پر — اس وقت؟"

بہت لوگوں کے مہمان آئے ہوئے ہیں جی — سمن آباد میں ویسے ہی مہمان بہت آتے ہیں —— سب نوکر بوتلیں لے جا رہے تھے۔"

"جھوٹ نہ بول کمبخت! میں سب جانتی ہوں۔"

خورشید کا رنگ فق ہو گیا۔

"کیا جانتی ہیں جی آپ؟ —"

"ابھی کھو کھے پر کھڑی تُو —— بوتل نہیں پی رہی تھی؟"

خورشید کی جان میں جان آئی۔ پھر وہ بپھر کر بولی:

"وہ میرے اپنے پیسوں کی تھی جی —— آپ حساب کر دیں جی میرا —— مجھ سے ایسی نوکری نہیں ہوتی —"

بی بی تو حیران رہ گئی۔

سنتو کا جانا گویا خورشید کے جانے کی تمہید تھی۔ لمحوں میں بات یوں بڑھی کہ مہمان بی بی سمیت سب برآمدے میں جمع ہو گئے اور کنزن بھر لڑکی نے وہ زبان درازی کی کہ جن مہمان بی بی پر بوتل پلا کر رعب گانٹھنا تھا وہ اٹھا اس گھر کو دیکھ کر قائل ہو گئیں کہ بدنظمی، بے ترتیبی اور بدتمیزی میں یہ گھر حرفِ آخر ہے۔

آناً فاناً مکان نوکرانی کے بغیر سُونا سُونا ہو گیا۔

ادھر جمعدارنی اور خورشید کا رنج تو تھا ہی، اوپر سے پپو کی کھانسی دم نہ لینے دیتی تھی۔ جب تک خورشید کا دم تھا کم از کم اسے اٹھانے پچکارنے والا تو کوئی موجود تھا۔ اب

کنگیر تو اچھوڑ چھاڑ کے بچے کو اٹھانا پڑتا۔ اسے بھی کالی کھانسی کا دورہ پڑتا تو رنگت بینگن کی سی ہو جاتی۔ آنکھیں سرخا سرخ نکل آتیں اور سانس یوں چلتا جیسے کٹی ہوئی پانی کی ٹیوب سے پانی رِس رِس کے نکلتا ہے۔

سارا دن وہ یہی سوچتی رہی کہ آخر اس نے کونسا گناہ کیا ہے جس کی پاداش میں اس کی زندگی اتنی کٹھن ہے۔ اس کے ساتھ کالج میں پڑھنے والیاں تو ایسی تھیں گو یا ریشم پر چلنے سے پاؤں میں چھالے پڑ جائیں اور یہاں وہ کپڑے دھونے والے تھاپے کی طرح کرخت ہو چکی تھی۔ رات کو پلنگ پر لیٹتی تو جسم سے انگارے جھڑنے لگتے۔ بدبخت خورشید کے دل میں ترس آجاتا تو دو چار منٹ دُکھتی کمر میں ٹکیاں ماردیتی ورنہ اوٹی آتی کرتے نیند آجاتی اور صبح پھر وہی سفید پوش غریبوں کی سی زندگی اور تندور میں لگی ہوئی روٹیوں کا سا سینک!

اُس روز دن میں کئی مرتبہ بی بی نے دل میں کہا:

"ہم سے اچھا گھر انہیں ملے گا تو دیکھیں گے۔ ابھی کل برآمدے میں آئی بیٹھی ہوں گی دونوں کالے منہ والیاں "

پَر اسی دل میں اسے اچھی طرح معلوم تھا کہ اس سے اچھا گھر ملے یا نہ ملے وہ دونوں اب لوٹ کر نہ آئیں گی۔

سارے گھر میں نظر دوڑاتی تو چھت کے جالوں سے لے کر رُکی ہوئی نالی تک اور ٹوٹی ہوئی سیڑھیوں سے لے کر اندر ٹپ ٹپ برسنے والی نلکے تک عجیب کسمپرسی کا عالم تھا، ہر جگہ ایک آنچ کی کسر تھی۔ تین کمروں کا مکان جس کے دروازوں کے آگے ڈھیلی ڈوروں میں دھاری دار پردے پڑے تھے، عجیب سی زندگی کا سراغ دیتا تھا۔ نہ تو یہ دولت تھی اور نہ ہی یہ غریبی تھی۔ ردی کے اخبار کی طرح اس کا تشخص ختم ہو چکا تھا۔

جب تک اباجی زندہ تھے اور بات تھی۔ کبھی کبھار مائیکہ جا کر کھلی ہوا کا احساس

پیدا ہو جاتا۔ اب نواباجی کی وفات کے بعد امی، اظہر اور منی بھی اس کے پاس آگئے تھے امی زیادہ وقت پچھلی پوزیشن کو یاد کر کے رونے میں بسر کرتیں ۔جب رونے سے فراغت ہوتی تو وہ اڑوس پڑوس میں یہ بتانے کے لیے نکل جاتیں کہ وہ ایک ڈپٹی کمشنر کی بیگم تھیں اور حالات نے انہیں یہاں چمن آباد میں رہنے پر مجبور کر دیا ہے۔

منی کو مٹی کھانے کا عارضہ تھا۔ دیواریں کھرچ کھرچ کر کھوکھلی کر دی تھیں۔ نامراد سیمنٹ کا پکا فرش اپنی نرم نرم انگلیوں سے کرید کر دھر دیتی۔ بہت مرچیں کھلائیں۔ کونین ملی مٹی سے ضیافت کی۔ ہونٹوں پر دہکتا ہوا کوئلہ رکھنے کی دھمکی دی پر وہ شیر کی بچی مٹی کو دیکھ کر بری طرح پریشان ہوتی۔

اظہر جس کالج میں داخلہ لینا چاہتا تھا جب اس کالج کے پرنسپل نے تھرڈ ڈویژن کے باعث انکار کر دیا تو دن رات ماں بیٹا مرحوم ڈی سی صاحب کو یاد کر کے روتے رہے۔ ان کے ایک فون سے وہ بات بن جاتی جو پروفیسر فخر کے کئی پھیروں سے نہ بنی۔

امی تو دبی زبان میں کئی بار یہاں تک کہہ چکی تھیں کہ ایسا اماد کس کام کا جس کی سفارش ہی شہر میں نہ چلے نتیجے کے طور پر اظہر نے پڑھائی کا سلسلہ منقطع کر لیا۔ پروفیسر صاحب نے بہت سمجھایا پر اُس کے پاس تو باپ کی نشانی ایک موٹر سائیکل تھا۔ چند ایک دوست تھے جو سول لائنز میں رہتے تھے۔ وہ بھلا کیا کالج وا لج جاتا!

اس سارے ماحول میں پروفیسر فخر کیچڑ کا کنول تھے۔

لمبے قد کے دُبلے پتلے پروفیسر ــــ سیاہ آنکھیں جن میں تجسس اور شفقت کا ملا جلا رنگ تھا۔ انہیں دیکھ کر خدا جانے کیوں ریگستان کے گلہ بان یاد آجاتے۔ وہ اُن لوگوں کی طرح تھے جن کے آدرش وقت کے ساتھ دھندلے نہیں پڑ جاتے ـــــ جو اس لیے محکمۂ تعلیم میں نہیں جاتے کہ اُن سے سی ایس پی کا امتحان پاس نہیں ہو سکتا یا وہ دولت کمانے کے کوئی ہنر گر نہیں جانتے۔ انھوں نے تو تعلیم و تدریس کا پیشہ اس لیے چنا تھا کہ انہیں نوجوانوں

کی پُر تجسس آنکھیں پسند تھیں۔ انہیں فسٹ ائیر کے وہ لڑکے بہت اچھے لگتے تھے جو گاؤں سے آتے تھے اور آہستہ آہستہ شہر کے رنگ میں رنگے جاتے تھے۔ ان کے چہروں سے جو ذہانت ٹپکتی تھی، دھرتی کے قریب رہنے کی وجہ سے ان میں جو دو اور دو چار قسم کی عقل تھی پروفیسر فخر انہیں صیقل کرنے میں بڑا لطف حاصل کرتے تھے۔

وہ تعلیم کو میلاد النبیؐ کا فنکشن سمجھتے۔ جب گھر گھر دیے جلتے ہیں اور روشنی سے خوشی کی خوشبو آنے لگتی ہے۔ ان کے ساتھی پروفیسر جب سٹاف روم میں بیٹھ کر خالص HAVE - NOTS کے انداز میں نو دولتی سوسائٹی پر تبصرہ کرتے تو وہ خاموش رہتے کیونکہ ان کا مسلک لوئی پاسچر کا مسلک تھا۔ کولمبس کا مسلک تھا۔ ان کے دوست جب فسٹ کلاس، سیکنڈ کلاس اور سلیکشن گریڈ کی باتیں کرتے تو پروفیسر فخر منہ بند کیے اپنے ہاتھوں پر نگاہیں جمالیتے۔ وہ تو اس زمانے کی نشانیوں میں سے رہ گئے تھے جب شاگرد اپنے استاد کے برابر بیٹھ نہ سکتا تھا۔ جب استاد کے آشیرباد کے بغیر شانتی کا تصور بھی گناہ تھا۔ جب استاد خود کبھی حصولِ دولت کے لیے نہیں نکلتا تھا لیکن تاجدار اس کے سامنے دو زانو آکر بیٹھا کرتے تھے۔ جب وہ شاہ جہانگیر کے دربار میں میاں میرؒ صاحب کی طرح کہتا کہ:

"اے شاہ! آج تو بلالیا ہے پر اب شرطِ عنایت یہی ہے کہ پھر کبھی نہ بلانا۔"

جب استاد کہتا:

"اے حاکمِ وقت! سورج کی روشنی چھوڑ کر کھڑا ہو جا۔"

جب بی بی نے پہلی بار پروفیسر فخر کو دیکھا تھا تو فخر کی نظروں کا مجذوبانہ حسن شہد کی مکھیوں جیسا جذبۂ خدمت اور صوفیائے کرام جیسا اندازِ گفتگو اسے لے ڈوبا۔ بی بی ان لڑکیوں میں سے تھی جو درخت سے مشابہ ہوتی ہیں۔ درخت چاہے کیسا ہی آسمان کو چھونے لگے۔ بالآخر مٹی کے خزانوں کو نچوڑتا ہی رہتا ہے۔ وہ چاہے کتنا ہی چھتنارہ کیوں نہ ہو، بالآخر

اس کی جڑوں میں نیچے اترتے رہنے کی ہوس باقی رہتی ہے ـــــ اور پھر پروفیسر کا آدرش کوئی مانگے کا کپڑا تو تھا نہیں کہ مستعار لیا جاتا لیکن بی بی تو ہوا میں جھولنے والی ڈالیوں کی طرح یہی سوچتی رہی کہ اس کا دھرتی کے ساتھ کوئی تعلق نہیں۔ وہ ہوا پر زندہ رہ سکتی ہے۔ محبت ان کے لیے کافی ہے۔

تب اباجی زندہ تھے اور ان کے پاس شیشوں والی کار تھی جس روز وہ بی۔ اے کی ڈگری لے کر یونیورسٹی ہال سے نکلی تو اس کے اباجی ساتھ تھے۔ ان کی کار رش کی وجہ سے عجائب گھر کی طرف کھڑی تھی۔ مال کو کراس کر کے جب وہ دوسری جانب پہنچے تو فٹ پاتھ پر اس نے پروفیسر فخر کو دیکھا۔ وہ جھکے ہوئے اپنی سائیکل کا پیڈل ٹھیک کر رہے تھے۔

"سر سلام علیکم ـــــ !"

فخر نے سر اٹھایا اور ذہین آنکھوں میں مسکراہٹ آ گئی۔

"وعلیکم السلام۔ مبارک ہو آپ کو ـــــ"

سیاہ گاؤن میں وہ اپنے آپ کو بہت معزز محسوس کر رہی تھی۔

"سر میں لے چلوں آپ کو ـــــ"

بڑی سادگی سے فخر نے سوال کیا۔ ـــــ "آپ سائیکل چلانا جانتی ہیں؟"

"سائیکل پر نہیں جی ـــــ میرا.... مطلب ہے کار کھڑی ہے جی میری۔"

فخر سیدھا کھڑا ہو گیا اور بی بی اس کے کندھے برابر نظر آنے لگی۔

"دیکھیے مس ـــــ استادوں کے لیے کاروں کی ضرورت نہیں ہوتی۔ ان کے شاگرد کاروں میں بیٹھ کر دنیا کا نظام چلاتے ہیں۔ استادوں کو دیکھ کر کار رکتے ہیں لیکن استاد شاگردوں کی کار میں کبھی نہیں بیٹھتا کیونکہ شاگرد سے اس کا رشتہ دنیاوی نہیں ہوتا۔ استاد کا آسائش سے کوئی تعلق نہیں ہوتا۔ وہ مرگ چھالا پر سوتا ہے۔ بڑ کے درخت تلے بیٹھتا اور جو کی روٹی کھاتا ہے۔"

بی بی کو تو جیسے ہونٹوں پر بھڑ ڈس گئی۔

ابھی چند ثانیے پہلے وہ ہاتھوں میں ڈگری لے کر فل سائز فوٹو کھنچوانے کا پروگرام بنا رہی تھی اور اب یہ گاؤن، یہ اونچا جوڑا، یہ ڈگری، سب کچھ نفرت انگیز بن گیا۔ جب مال روڈ پر ایک فوٹو گرافر کی دکان کے آگے کار روک کر اباجی نے کہا:

'ایک تو فل سائز تصویر کھنچوالو اور ایک پورٹریٹ ۔۔۔۔!'

'ابھی نہیں اباجی! میں پرسوں اپنی دوستوں کے ساتھ مل کر تصویر کھنچواؤں گی۔'

'صبح کی بات پر ناراض ہو ابھی تک؟' اباجی نے سوال کیا۔

'نہیں جی وہ بات نہیں ہے۔'

صبح جب وہ یونیورسٹی جانے کے لیے تیار ہو رہی تھی تو اباجی نے دبی زبان میں کہا تھا کہ وہ کنووکیشن کے بعد اسے فوٹو گرافر کے پاس نہ لے جاسکیں گے کیونکہ انہیں کمشنر سے ملنا تھا۔ اس بات پر بی بی نے منہ تھتھا لیا تھا ــــــ اور جب تک اباجی نے وعدہ نہیں کر لیا تب تک وہ کار میں سوار نہ ہوئی تھی۔

اب کار فوٹو گرافر کی دکان کے آگے کھڑی تھی۔ اباجی اس کی طرف کا دروازہ کھولے کھڑے تھے لیکن تصویر کھنچوانے کی تمنا آپ ہی آپ مر گئی تھی۔

بی اے کے بعد کالج کا ماحول دور رہ گیا۔ یہ ملاقات بھی گرد آلود ہو گئی اور غالباً طاقِ نسیاں پر بھی دھری رہ جاتی اگر اچانک کتابوں کی دکان پر ایک دن اسے پروفیسر فخر نظر نہ آجاتے۔ وہ حسبِ معمول سفید قمیص سنا کی پتلون میں ملبوس تھے۔ رومن نوز پر عینک ٹکی تھی اور وہ کسی کتاب کا غور سے مطالعہ کر رہے تھے۔ بی بی اپنی دو تین سہیلیوں کے ساتھ دکان میں داخل ہوئی ــــــ اسے ویمن اینڈ ہوم قسم کے رسالے درکار تھے۔ عید کارڈ اور سیج کرافٹ کے پمفلٹ خریدنے تھے۔ لوکیری ڈائسٹ قسم کی ایسی کتابوں کی تلاش تھی جو سالوں میں بڑھا یا ہوا وزن ہفتوں میں گھٹا دینے کے مشورے جانتی ہیں لیکن اندر گھستے ہی گویا آئینے کا لشکارا پڑا۔

"سلام علیکم سر —"

"وعلیکم السلام —" منٹو کے بھکشو نے جواب دیا۔

"آپ نے مجھے شاید پہچانا نہیں سر — میں آپ کی سٹوڈنٹ ہوں جی —

قمر زبیری —"

اس نے دوستوں کی طرف خفت سے دیکھ کر کہا۔

"میں نے تمہیں پہچان لیا ہے قمر بی بی — کیا کر رہی ہیں آپ ان دنوں؟"

"میں جی — کچھ نہیں جی — سر!"

ایک سہیلی نے آگے چلنے کا اشارہ کیا۔ دوسری نے کریس چٹکی کاٹی لیکن وہ تو اس طرح کھڑی تھی گویا کسی فلم سٹار کے آگے آٹوگراف لینے کھڑی ہو۔

"آپ ایم اے نہیں کر رہی ہیں پولیٹیکل سائنس میں؟"

"اس کی تو شادی ہو رہی ہے سر!"

کھی کھی کر کے ساری کبوتر زادیاں ہنس دیں۔

بی بی نے قاتلانہ نظروں سے سب کو دیکھا اور بولی: "جھوٹ بولتی ہیں جی — میں تو جی ایم اے کروں گی!"

اب پروفیسر مکمل پروفیسر بن گیا۔ جوان چہرے پر بڑھاپے کی متانت آگئی۔

"دیکھیے۔ پڑھی لکھی لڑکیوں کا وہ رول نہیں ہے جو آجکل کی لڑکیاں ادا کر رہی ہیں۔ آپ کو شادی کے بعد یہ یاد رکھنا چاہیے کہ تعلیم سونے کا زیور نہیں ہے جسے بنک کے لاکر میں بند کر دیا جاتا ہے بلکہ یہ تو جادو کی وہ انگوٹھی ہے جسے جس قدر رگڑتے چلے جاؤ اسی قدر خوشیوں کے دروازے کھلتے جاتے ہیں۔ آپ کو اس تعلیم کی زکوٰۃ دینا ہو گی۔ اسے دوسروں کے ساتھ SHARE کرنا ہو گا!"

بات بہت معمولی اور سادہ تھی۔ اس نوعیت کی باتیں عموماً عورتوں کے رسالوں میں چھپتی رہتی ہیں لیکن فخر کی آنکھوں میں، اس کی باتوں میں وہ حسن تھا جو ہمیشہ سچائی سے پیدا ہوتا ہے۔ جب وہ پمفلٹ اور وزن گھٹانے کی تین کتابیں خرید کر کار میں آ بیٹھی تو اس کی نظروں میں وہی چہرہ تھا۔ وہی بھیگی بھیگی آواز تھی۔

پروفیسر فخر کو دیکھنے کی کوئی صورت باقی نہ تھی لیکن اس کی آواز کی لہریں اسے ہر لحظہ زیر آب کیے دیتی تھیں۔ اٹھتے بیٹھتے، جاگتے سوتے، وہی تنکاری کتے جیسا ستا ہوا چہرہ، اندر کو دھنسی ہوئی چمکدار آنکھیں اور خشک ہونٹ نظروں کے آگے گھومنے لگے۔ پھر یہ چہرہ بھلائے نہ بھولتا اور وہ اندر ہی اندر بل کھائی رسی کی طرح مروڑی جاتی۔

ان ہی دنوں اس نے فیصلہ کر لیا کہ وہ پولیٹیکل سائنس میں ایم اے کرے گی۔ حالانکہ اس کے گھر والے ایک اچھے بر کی تلاش میں تھے۔ ہاتھی مرا ہوا بھی سوا لاکھ کا ہوتا ہے۔ ڈپٹی کمشنر ریٹائر ہو کر بھی اونچی پشت والی کرسی سے مشابہ ہوتا ہے۔ اباجی کے مال و متاع کو گو اندر سے گھن لگ چکا تھا لیکن حیثیت عرفی بہت تھی۔ نوکر چاکر کم ہو گئے تھے۔ سوشل لائف بھی پہلے سی نہ رہی تھی۔ فنکشنوں کے کارڈ بھی کم ہی آتے لیکن رشتے ڈی سی صاحب کی بیٹی کے چلے آ رہے تھے اور اعلیٰ سے اعلیٰ آ رہے تھے۔ ساس کی ای گو پڑھی لکھی عورت نہ تھی لیکن باثر با رسوخ خواتین کی صحبت نے اسے خوب صیقل کر دیا تھا۔ اس میں ایک ایسی خوش اعتمادی اور پُرکاری پیدا ہو گئی تھی کہ کالجوں کی پروفیسریں اس کے ہوتے ہوئے اپنے آپ کو کمتر سمجھا کرتیں۔

جس وقت بی بی نے پولیٹیکل سائنس کرنے پر ضد کی تو امی نے زبردست مخالفت کی اباجی نے قدم قدم پر یہ اڑچن پیدا کی کہ جو لڑکی ہمیشہ پولیٹیکل سائنس میں کمزور رہی ہے وہ اس مضمون میں ایم اے کیونکر کرے گی۔ کئی گھنٹوں کی بحثوں کے بعد اباجی اس بات پر رضامند ہو گئے کہ وہ پروفیسر سے ٹیوشن لے سکتی ہے۔

جس روز ریٹائرڈ ڈی سی صاحب کی کارسمن آباد گئی تو پروفیسر فخر گھر پر موجود نہ تھے۔ دوسری مرتبہ جب بی بی کی امی گئیں تو پروفیسر صاحب کسی سیمینار پر تشریف لے جا چکے تھے۔ ملاقات پھر نہ ہوئی۔ تیسری بار جب بی بی اور ابا جی ٹیوشن کا طے کرنے گئے تو پروفیسر صاحب مونڈھے پر بیٹھے ہوئے مطالعے میں معروف تھے۔ باہر کے نلکے کے ساتھ نیلے رنگ کی پلاسٹک کی ٹیوب لگی ہوئی تھی۔ ٹیوب کا پانی سامنے کے تنگ احاطے میں اکٹھا ہو رہا تھا لیکن پروفیسر صاحب اس سے غافل مٹتی شفق میں حروف ٹٹول ٹٹول کر پڑھ رہے تھے۔

پہلے ابا جی نے ہارن بجایا۔ پھر خانساماں خانساماں کہہ کر آوازیں دیں۔ نہ تو اندر سے کوئی بلورچی قسم کا آدمی نکلا اور نہ ہی پروفیسر صاحب نے سر اٹھا کر دیکھا۔ بالآخر ابا جی نے خفت کے باوجود دروازہ کھولا اور بی بی کو ساتھ لے کر برآمدے کی طرف چلے۔ ٹیوب غالباً دیر سے لگی ہوئی تھی اور مٹی کیچڑ میں بدل چکی تھی۔ بڑی احتیاط سے قدم دھرتے ہوئے سیڑھیوں تک پہنچے اور پھر کھنکار کر پروفیسر صاحب کو متوجہ کیا۔

پونہ گھنٹہ بیٹھے رہنے کے باوجود نہ تو اندر سے کوکا کولا آیا نہ چائے کے برتنوں کا ہی شور سنائی دیا۔ اس بے اعتنائی کے باوجود دونوں باپ بیٹی سہمے سے بیٹھے تھے۔ شام گہری ہو چلی تھی اور سمن آباد یے گھروں کے آگے چھڑکاؤ کرنے میں مشغول تھے۔ قطار صورت گھروں سے ہر سائز اور ہر عمر کا بچہ نکل کر اس چھڑکاؤ کو بطور ہولی استعمال کر رہا تھا۔ عورتیں نائیلون جالی کے دوپٹے اوڑھے آجا رہی تھیں۔ ایک ایسے طبقے کی زندگی جاری تھی جو نہ امیر تھا اور نہ ہی غریب ــــ دونوں کے درمیان کہیں مرغِ بسمل کی طرح لٹک رہا تھا۔

جب بات پڑھنے پڑھانے تک جا پہنچی تو پروفیسر فخر بولے:

"جی ہاں۔ میں انہیں پڑھا دوں گا۔ بخوشی۔"

اب پہلو بدل کر ریٹائرڈ ڈی سی صاحب نے کہا ۔۔۔ "معاف کیجیے پروفیسر صاحب! لیکن بات پہلے ہی واضح ہونی چاہیے ۔۔۔ یعنی آپ ۔۔۔ میرا مطلب ہے آپ کی RENUMERATION کیا ہوگی؟"

ٹیوشن کی فیس کو خوبصورت سے انگریزی لفظ میں ڈھال کر گو باڈی سی صاحب نے اس میں سے ذلت کی پھانس نکال دی۔

لیکن پروفیسر صاحب کا رنگ متغیر ہو گیا اور وہ مونڈھے کی پشت کو دیوار سے لگا کر بولے:

"میں ۔۔۔ مجھے ۔۔۔ دراصل مجھے گورنمنٹ پڑھانے کا معاوضہ دیتی ہے سر۔ اس کے علاوہ ۔۔۔ میں ٹیوشن نہیں کرتا ۔۔۔ تعلیم دیتا ہوں۔ جو چاہے جب چاہے مجھ سے پڑھ سکتا ہے"۔

"لیکن یہ تو آپ کی آفیشل ڈیوٹی نہیں ہے سر ۔۔۔ یہ تو ۔۔۔!"

"دیکھیے جناب۔ میں اس لیے پڑھاتا ہوں کہ مجھے پڑھانے کا شوق ہے۔ اگر میں تحصیلدار ہوتا تو بھی پڑھاتا۔ اگر ضلع کا ڈی سی ہوتا تو بھی پڑھاتا۔ کچھ لوگ پیدائشی میری طرح ہوتے ہیں۔ ان کے ماتھے پر مہر ہوتی ہے پڑھانے کی ۔۔۔ ان کے ہاتھوں پر لکیر ہوتی ہے پڑھانے کی"۔

بی بی کے حلق میں نمکین آنسو آ گئے۔

دو غیرتوں کا مقابلہ تھا۔ ایک طرف ڈی سی صاحب کی وہ غیرت تھی جسے ہر ضلع کے افسروں نے کلف لگائی تھی۔ دوسری جانب ایک IDEALIST آدمی کی غیرت تھی جو گھونگھے کی طرح اپنا سارا گھر اپنے ہی جسم پر لاد کر چلا کرتا ہے اور ذرا سی آہٹ پا کر اس گھونگھے میں گوشہ نشین ہو جاتا ہے۔

پروفیسر صاحب بڑی بھلی سی باتیں کیے جا رہے تھے اور اس کے اباجی مونڈھے

میں یوں بیٹھے تھے جیسے بھاگ جانے کی تدبیریں سوچ رہے ہوں۔

"فائن آرٹس کا دولت کی ذخیرہ اندوزی سے کوئی تعلق نہیں ہے۔ میں سمجھتا ہوں میرا پروفیشن فائن آرٹس کا ایک شعبہ ہے۔ انسان میں کلچر کا شعور پیدا کرنے کی سعی ___ انسان میں تحصیلِ علم کی خواہش کا بیدار کرنا ___ عام سطح سے اٹھ کر سوچنا اور سوچتے رہنا ___ ایک صحیح استاد ان نعمتوں کو بیدار کرتا ہے۔ ایک تصویر، ایک گیت، ایک خوبصورت بُت بھی یہی کچھ کر پاتے ہیں۔ ساز بجانے والے کو اگر آپ لاکھ روپیہ دیں اور اس پر پابندی لگائیں کہ وہ ساز کو ہاتھ نہ لگائے گا تو غالباً وہ ___ اگر وہ GENUINE ہے تو آپ کی پیش کش ٹھکرا دے گا۔ میں ٹیچر ہوں۔ GENUINE ٹیچر ___ میں FAKE نہیں ہوں ___ زبیری صاحب ___!"

ڈی سی صاحب اپنی بیٹی کے سامنے ہار ماننے والے نہ تھے:

"اور جو پیٹ میں کچھ نہ ہو تو غالباً سازندہ مان جائے گا۔"

"پھر وہ ساز نواز FAKE ہوگا۔ PASSION کا اس کی زندگی سے کوئی تعلق نہ ہوگا بلکہ غالباً وہ اپنے آرٹ کو ایک تمغہ، ایک پاسپورٹ، ایک اشتہار کی طرح استعمال کرتا ہوگا۔"

"اچھا جی آپ پیسے نہ لیں لیکن بی بی کو پڑھا نو دیا کریں۔"

"جی ہاں۔ بخوشی پڑھا دوں گا۔"

"تو کب آیا کریں گے آپ؟ ___ میں کار بھجوا دیا کروں گا۔"

پروفیسر فخر کی آنکھیں تنگ ہو گئیں اور وہ ہچکچا کر بولے ___ "میں تو کہیں نہیں جاتا شام کے وقت ___"

"تو میرا —— تو میرا مطلب ہے کہ آپ اسے پڑھائیں گے کیسے؟"
"یہ چار سے پانچ کے درمیان کسی وقت آجایا کریں۔ میں پڑھا دیا کروں گا۔"
بی بی کے پیروں تلے سے یوں زمین نکلی کہ اس وقت تک واپس نہ لوٹی جب تک وہ اپنے پلنگ پر لیٹ کر کئی گھنٹے تک آنسوؤں سے اشنان نہ کرتی رہی۔
عورت کے لیے عموماً مرد کی کشش کے تین پہلو ہوتے ہیں :

بے نیازی

ذہانت اور

فصاحت

یہ تینوں اوصاف پروفیسروں میں بقدرِ ضرورت ملتے ہیں۔ اسی لیے ایسے کالجوں میں جہاں مخلوط تعلیم ہو لڑکیاں عموماً اپنے پروفیسروں کی محبت میں مبتلا ہو جاتی ہیں — اس محبت کا چاہے کچھ نتیجہ نہ نکلے لیکن ہیرو ورشپ کی طرح اس کا اثر ان کے ذہنوں میں ابدی ہوتا ہے جس طرح ملکیت ظاہر کرنے کے لیے پرانے زمانے میں گھوڑوں کو داغ دیا جاتا تھا اسی طرح اس رات بی بی کے دل پر مہرِ فخر لگ گئی۔

ابا جی ہر آنے جانے والے سے پروفیسر فخر کے احمق پن کی داستان یوں سنانے بیٹھ جاتے جیسے یہ بھی کوئی ثبت نام کا مسئلہ ہو۔ اُن کے ملنے والے پروفیسر فخر کی باتوں پر خوب ہنستے۔ بی بی کو شبہ ہو چلا تھا کہ انھوں نے بیٹی کو ٹیوشن کی اجازت نہ دی تھی پھر بھی اندر ہی اندر ابا جی فخر کی شخصیت سے مرعوب ہو چکے ہیں۔

ایک دن جب بی بی اپنی ایک سہیلی سے ملنے سمن آباد گئی اور سامنے والی لائن میں اسے پروفیسر فخر کا مکان دکھائی دیا تو اچانک اس کے دل میں ایک زبردست خواہش اٹھی۔ وہ خوب جانتی تھی کہ اس وقت پروفیسر صاحب کالج جا چکے ہوں گے۔ پھر بھی وہ گھر کے اندر چلی گئی۔ سارے کمرے کھلے پڑے تھے۔ پہلے کمرے میں ایک چارپائی بچھی تھی جس کا ایک

پایہ غائب تھا اور اس کی جگہ اینٹوں کی تھئی لگی ہوئی تھی۔ تینوں کمروں میں کتابیں ہی کتابیں تھیں۔ ہر سائز، ہر پیپر اور ہر طرح کی پرنٹنگ والی کتابیں۔ ان کتابوں کو درستگی کے ساتھ آراستہ کرنے کی خواہش بڑی شدت کے ساتھ بی بی کے دل میں اٹھی۔

جستی ٹرنک پر پڑے ہوئے کپڑے، زرد رو چھپکلیاں جو بڑی آزادی سے چھت پر سے جھانک رہی تھیں اور کونوں میں لگے ہوئے جالے۔ ان چیزوں کا بی بی پر بہت گہرا اثر ہوا۔ باورچی خانے سے کچھ جلنے کی خوشبو آ رہی تھی لیکن پکانے والا دیگچی سٹوو پر رکھ کر کہیں گیا ہوا تھا۔ بی بی نے تھوڑا سا پانی دیگچی میں ڈالا اور سبیل سے ملے بغیر گھر آ گئی۔

جس روز بی بی نے پروفیسر فخر سے شادی کرنے کا فیصلہ کیا اسی روز جمال ملک کا رشتہ بھی آ گیا۔

جمال ملک لاہور کے ایک نامی گرامی ہوٹل میں مینجر تھے۔ بڑی پریس کی ہوئی شخصیت تھی اپنی پتلون کی کریز کی طرح۔ اپنے چمکدار بوٹوں کی طرح جگمگاتی ہوئی شخصیت ۔۔۔ وہ کسی ٹوتھ پیسٹ کا اشتہار نظر آتے تھے۔ صاف ستھرے دانتوں کی چمک ہمیشہ چہرے پر رہتی تھی ۔۔۔

جمال ملک اپنے ہوٹل کی طرح تنظیم، صفائی اور سروس کا سمبل تھے۔

ایئر کنڈیشنڈ لابی میں پھرتے ہوئے، مدھم بتیوں والی بار میں سرپرائز وزٹ کرتے ہوئے لفٹ کے بٹن دباتے ہوئے، ڈائننگ ہال میں وی آئی پیز کے ساتھ پرتکلف گفتگو کرتے ہوئے، ان کا وجود کٹ گلاس کے فانوس کی طرح خوبصورت اور چمکدار تھا۔

جس روز اس بڑے ہوٹل کے بڑے مینجر نے بی بی کے خاندان کو کھانے کی دعوت دی، اسی روز ڈرائی کلینرز سے واپسی پر بی بی کی مڈبھیڑ پروفیسر فخر کے ساتھ ہو گئی۔ وہ فٹ پاتھ پر پرانی کتابوں والی دکانوں کے سامنے کھڑے تھے اور ایک پرانا سا مسودہ دیکھ رہے تھے۔

ان سے پانچ چھ قدم دور 'ہر مال ملے گا آٹھ آنے' والا چیخ چیخ کر سب کو بلا رہا تھا۔ ذرا ساہٹ کر وہ دکان تھی جس میں سرخ خونچوں والے، ہر یل طوطے، سرخ افریقہ کی چڑیاں اور خوبصورت لقے کبوتر غٹرغوں غٹرغوں کر رہے تھے۔ پروفیسر صاحب پر سارے بازار کا کوئی اثر نہ ہو رہا تھا اور وہ بڑے انہماک سے پڑھنے میں مشغول تھے۔ کار پارک کرنے کی کوئی جگہ نہ تھی۔ بالآخر محکمۂ تعلیم کے دفتر میں جا کر پارک کروائی اور خود پیدل چلتی ہوئی پروفیسر فخر تک جا پہنچی۔

پرانی کتابیں بیچنے والے دُور تک پھیلے تھے۔ کرم خوردہ کتابوں کے ڈھیر تھے۔ ایسی کتابیں اور رسالے بھی تھے جنہیں امریکن وطن لوٹنے سے پہلے سیروں کے حساب سے بیچ گئے تھے اور جن کے صفحے بھی ابھی کھلے نہ تھے!

'سلام علیکم سر — !'

چونک کر سَر نے پیچھے دیکھا تو بی بی شرمندہ ہو گئی — اللہ! اس پروفیسر کی آنکھ میں کبھی تو پہچان کی کرن جاگے گی؟ ہر بار نئے سرے سے اپنا تعارف تو نہ کروانا پڑے گا۔

'آپ اتنی دھوپ میں کھڑے ہیں سر — '

پروفیسر نے جیب سے ایک بوسیدہ اور گندہ رومال نکال کر ماتھا صاف کیا اور آہستہ سے بولے۔ "ان کتابوں کے پاس آ کر گرمی کا احساس باقی نہیں رہتا۔"

بی بی کو عجیب شرمندگی سی محسوس ہوئی کیونکہ جب کبھی وہ پڑھنے بیٹھتی تو ہمیشہ گردن پر پسینے کی نمی سی آجاتی اور اسے پڑھنے سے الجھن ہونے لگتی۔

'آپ کو کہیں جانا ہو تو — جی میں چھوڑ آؤں آپ کو؟'

نہیں۔ میرا سائیکل ہے ساتھ — شکریہ!'

بات کچھ بھی نہ تھی۔ فٹ پاتھ پر پرانی کتابوں کی دکان کے سامنے ایک بے نیاز چھوٹے پروفیسر کے ساتھ جس کے کالر پر میل کا نشان تھا، ایک سرسری سی ملاقات تھی چند ثانیے بھر کی

لیکن اس ملاقات کا بی بی پر تو عجیب اثر ہوا۔ سارا وجود تحلیل ہو کر ہوا میں مل گیا۔ کندھوں پر سر نہ رہا — اور نہ پاؤں میں چلنے کی سکت نہ رہی۔ حالانکہ پروفیسر فخر نے اس سے ایک بات بھی ایسی نہ کی جو بظاہر توجہ طلب ہوتی۔ پر بی بی کے تو ماتھے پر جیسے انہوں نے اپنے ہاتھ سے چندن کا ٹیکہ لگا دیا۔ کھوئی کھوئی سی گھر آئی اور غائب سی بڑے ہوٹل پہنچ گئی۔

جب وہ شموز کی ساڑھی پہنے آئینہ خانے سے لابی میں پہنچی تو دراصل وہ آکسیجن کی طرح ایک ایسی چیز بن چکی تھی جسے صرف محسوس کیا جا سکتا ہے۔ جمالی ملک صاحب شارک سکن کے سوٹ میں ملبوس، کالر میں کارنیشن کا پھول لگائے گھٹنوں پر کلف شدہ سرویٹ رکھے اتنے ٹھوس نظر آرہے تھے کہ سامنے میز پر کہنیاں ٹکائے جھینگے کا پلاؤ اور چوپ سوئی کھانے والی لڑکی پر انہیں شبہ تک نہ ہو سکا اور وہ جان ہی نہ سکے کہ مسلسل باتیں کرنے والی لڑکی دراصل ہوٹل میں موجود ہی نہیں ہے۔

اگر بی بی کی شادی جمالی ملک سے ہو جاتی تو کہانی آئسنگ لگے کیک کی طرح دلآویز ہوتی۔ لفٹ کی طرح اوپر کی منزلوں کو چڑھنے والی، سوئمنگ پول کے اس تختے کی طرح جس پر چڑھ کر ہر تیرنے والا سمرسولٹ کرنے سے پہلے کئی فٹ اوپر چلا جایا کرتا ہے۔

لیکن —

شادی تو بی بی کی پروفیسر فخر سے ہو گئی۔

ڈی سی صاحب کی بیٹی کا بیاہ اس کی پسند کا ہوا اور اس شادی کی دعوت اس ہوٹل میں دی گئی جس کے مینیجر جمالی صاحب تھے۔ دلہن کے گھر والوں نے چار ڈی لکس قسم کے کمرے دو دن پہلے سے بک کر رکھے تھے اور بڑے ہال میں جہاں رات کا آرکسٹرا بجا کرتا ہے، وہیں دولہا دلہن کے اعزاز میں بہت بڑی دعوت رہی۔ نکاح بھی ہوٹل ہی میں ہوا اور رخصتی بھی ہوٹل ہی سے ہوئی۔ ساری شادی سے ہنگامہ مفقود تھا۔ ایک ٹھنڈک کا، ایک خاموشی کا احساس مہمانوں پر طاری تھا۔ ٹھنڈے ٹھنڈے ہال میں یخ بستہ کولڈ ڈرنکز پیتے ہوئے سرد مہر سے

مہانوں سے مل کر بی بی اپنے میاں کے ساتھ حسن آباد چلی گئی۔

لیکن اس رخصتی سے پہلے ایک اور بھی چھوٹا سا واقعہ ہوا۔

نکاح سے پہلے جب دلہن تیار کی جا رہی تھی اور اسے زیور پہنایا جا رہا تھا اس وقت بجلی اچانک فیوز ہو گئی۔ پہلے بتیاں گئیں۔ پھر ایئر کنڈیشنر کی آواز بند ہو گئی۔ چند ثانیے تو کانوں کو سکون سا محسوس ہوا لیکن پھر لڑکیوں کا گروہ کچھ تو گرمی کے مارے اور کچھ موم بتیوں کی تلاش میں باہر چلا گیا۔

اندھیرے کمرے میں ایک آراستہ دلہن رہ گئی۔ اردگرد خوشبو کا احساس باقی رہا اور باقی سب کچھ غائب ہو گیا۔

بتیاں پورے آدھ گھنٹے بعد آئیں۔

اب خدا جانے یہ جمالی ملک کی سکیم تھی یا واپڈا والوں کی سازش تھی۔ بجلی کے چلے جانے کے کوئی دس منٹ بعد بی بی کے دروازے پر دستک ہوئی۔ ڈری ہوئی آواز میں بی بی نے جواب دیا:

"کم ان —"

ہاتھ میں شمعدان لیے جمالی ملک داخل ہوا۔

اس نے آدھی رات جیسا گہرا نیلا سوٹ پہن رکھا تھا۔ کالر میں سرخ کارنیشن کا پھول تھا اور اس کے آتے ہی تمباکو ملی کوئی تیز سی خوشبو کمرے میں پھیل گئی۔

بی بی کا دل زور زور سے بجنے لگا۔

"میں یہ بتانے آیا تھا کہ ہمارا جنریٹر خراب ہو گیا ہے تھوڑی دیر میں بجلی آجائے گی — کسی چیز کی ضرورت تو نہیں آپ کو؟"

وہ خاموش رہی۔

"میں یہ کینڈل سٹینڈ آپ کے پاس رکھ دوں؟"

اثبات میں بی بی نے سر ہلا دیا۔

جمال ملک نے شمعدان ڈریسنگ ٹیبل پر رکھ دیا۔

جب پانچ موم بتیوں کا عکس بی بی کے چہرے پر پڑا اور کنکھیوں سے اس نے آئینے کی طرف دیکھا تو لمحہ بھر کو تو اپنی صورت دیکھ کر وہ خود حیران سی رہ گئی۔

"آپ کی سہیلیاں کدھر گئیں؟"

"وہ نیچے چلی گئی ہیں شاید —"

"اگر آپ کو کوئی اعتراض نہ ہو تو ــــ تو میں یہاں بیٹھ جاؤں چند منٹ؟"

بی بی نے اثبات میں سر ہلایا۔

وہ اپالو کی طرح وجیہہ تھا۔ جب اس نے ایک گھٹنے پر دوسرا گھٹنا رکھ کر سر کو صوفے کی پشت سے لگایا تو بی بی کو عجیب قسم کی کشش محسوس ہوئی۔ جمال ملک کے ہاتھ میں سارے ہوٹل کی ماسٹر چابیاں تھیں اور اس کی بڑی سی انگوٹھی نیم روشنی میں چمک رہی تھی۔

اس خاموش خوبصورت آدمی کو بی بی نے اپنے نکاح سے آدھ گھنٹہ پہلے پہلی بار دیکھا اور اس کی ایک نظر نے اسے اپنے اندر اس طرح جذب کر لیا جیسے سیاہی چوس سیاہی کو جذب کرتا ہے۔

"میں آپ کو مبارکباد پیش کر سکتا ہوں؟ —" اس نے مضطرب نظروں سے بی بی کو دیکھ کر پوچھا۔

وہ بالکل چپ رہی۔

"لڑکیاں ــــ خاص کر آپ جیسی لڑکیوں کو ایک بڑا زعم ہوتا ہے اور اسی ایک زعم کے ہاتھوں وہ ایک بہت بڑی غلطی کر بیٹھتی ہیں۔"

نقلی پلکوں والے بوجھل پپوٹے اٹھا کر بی بی نے پوچھا ــــ "کیسی غلطی؟"

"کچھ لڑکیاں محض رسمی سادھوؤں کی تپتیا توڑنے کو خوشی کی معراج سمجھتی ہیں۔

وہ سمجھتی ہیں کہ کسی بے نیازی کی ڈھال میں سوراخ کر کے وہ سکون کی معراج کو پالیں گی۔ کسی کے تقوے کو برباد کرنا خوشی کے مترادف نہیں ہے۔ کسی کے زہد کو عجز و انکساری میں بدل دینا کچھ اپنی راحت کا باعث نہیں ___ ہاں دوسروں کے لیے احساسِ شکست کا باعث ہو سکتی ہے یہ بات ___"

چابیاں ہاتھ میں گھوم پھر رہی تھیں۔ ذہانت اور فصاحت کا دریا رواں تھا۔

'یہ زعم ___ عورتوں میں، لڑکیوں میں کب ختم ہو گا! ___ میرا خیال تھا آپ ذہین ہیں لیکن آپ بھی وہی غلطی کر بیٹھی ہیں جو عام لڑکی کرتی ہے ___ آپ بھی توبہ شکن بننا چاہتی ہیں ___'

'مجھے ___ مجھے پروفیسر فخر سے محبت ہے'۔

'محبت ___؟ آپ پروفیسر فخر کو یہ بتانا چاہتی ہیں کہ اندر سے وہ بھی گوشت پوست کے بنے ہوتے ہیں۔ اپنے تمام آئیڈیلز کے باوجود وہ بھی کھانا کھاتے ہیں۔ سوتے ہیں ___ اور محبت کرتے ہیں ___ ان کا کوٹ آف آرمر اتنا سخت نہیں جس قدر وہ سمجھتے ہیں!'

وہ چاہتی تھی کہ جمالی ملک سے کہے تم کون ہوتے ہو مجھے پروفیسر فخر کے متعلق کچھ بتانے والے؟ تمہیں کیا حق پہنچتا ہے کہ یہاں لیدر کے صوفے سے پشت لگا کر سارے ہوٹل کی ماسٹر چابیاں ہاتھ میں لیے اتنے بڑے آدمی پر تبصرہ کرو ___ لیکن وہ بے بس سنے جا رہی تھی اور کچھ کہہ نہیں سکتی تھی۔

'میں پروفیسر صاحب سے واقف نہیں ہوں لیکن جو کچھ سنا ہے اس سے یہی اندازہ لگایا ہے کہ ___ وہ اگر مجرد رہتے تو بہتر ہوتا ___ عورت تو خواہ مخواہ توقعات وابستہ کر لینے والی شے ہے ___ وہ بھلا اس صنف کو کیا سمجھ پائیں گے؟'

"جلال صاحب! —" اس نے التجا کی۔
"آپ سی لڑکیاں اپنے رفیقِ حیات کو اس طرح چنتی ہیں جس طرح مینو میں سے کوئی اجنبی نام کی ڈش آرڈر کر دی جائے۔ محض تجربے کی خاطر — محض تجسس کے لیے —"

وہ پھر بھی چپ رہی۔
"اتنے سارے حسن کا پروفیسر صاحب کو کیا فائدہ ہوگا بھلا — منی پلانٹ پانی کے بغیر سوکھ جاتا ہے۔ عورت کا حسن پرستش اور ستائش کے بغیر مرجھا جاتا ہے — کسی ذہین مرد کو بھلا کسی خوبصورت عورت کی کب ضرورت ہوتی ہے؟ اس کے لیے تو کتابوں کا حسن بہت کافی ہے۔"
شمعدان اپنی پانچ موم بتیوں سمیت دم سادھے جل رہا تھا اور وہ کیوٹیکس لگے ہاتھوں کو بغور دیکھ رہی تھی۔

"مجھ سے بہتر قصیدہ گو آپ کو کبھی نہیں مل سکتا قمر — مجھ سا گھر آپ کو نہیں مل سکتا کیونکہ میرا گھر اس ہوٹل میں ہے اور ہوٹل سروس سے بہتر کوئی سروس نہیں ہوتی اور مجھے یہ بھی یقین ہے کہ میری باتوں پر آپ کو اس وقت یقین آئے گا جب آپ کے چہرے پر چھائیاں پڑ جائیں گی۔ ہاتھ کیکر کی چھال جیسے ہو جائیں گے اور پیٹ چھاگل میں بدل جائے گا — میں تو چاہتا تھا — میری تو تمنا تھی کہ جب ہم اس ہوٹل کی لابی میں اکٹھے پہنچتے۔ جب اس کی بار میں ہم دونوں کا گزر ہوتا۔ جب اس کی گیلریوں میں ہم چلتے نظر آتے تو امریکن ٹورسٹ سے لے کر پاکستانی پیٹی بورژوا ایک سب، ہماری خوش نصیبی پر رشک کرتے لیکن آپ آئیڈیلسٹ بننے کی کوشش کرتی ہیں۔ یہ حسن کے لیے گرہن ہے بربادی کا۔"

ساون کی رات جیسا گہرا نیلا سوٹ، کارنیشن کا سرخ پھول اور آفٹر شیو لوشن سے بسا ہوا چہرہ بالآخر دروازے کی طرف بڑھا اور بڑھتے ہوئے بولا:

'کسی سے آئیڈیلز مستعار لے کر زندگی بسر نہیں ہو سکتی محترمہ — آدرش جب تک اپنے ذاتی نہ ہوں ہمیشہ منتشر ہو جاتے ہیں۔ پہاڑوں کا پودا ریگستانوں میں نہیں لگا کرتا'۔

اس میں تو اتنا حوصلہ بھی باقی نہ رہا تھا کہ آخری نظر جمالی ملک پر ہی ڈال لیتی۔

دروازے کے مدوّر ہینڈل پر ہاتھ ڈال کر جمالی ملک نے تھوڑا سا پٹ کھول دیا۔ گیلری سے لڑکیوں کے ہنسنے کی آواز آنے لگی:

'میں بھی کس قدر احمق ہوں۔ اس سے اپنا کیس PLEAD کر رہا ہوں جو کبھی کا فیصلہ کر چکی ہے — اچھا جی مبارک ہو آپ کو —'

دروازہ کھلا اور پھر بند ہو گیا۔

جلتے ہوئے وجیہہ مینیجر کو ایک نظر بی بی نے دیکھا اور اپنے آپ پر لعنت بھیجتی ہوئی اس نے نظریں جھکا لیں۔

چند لمحوں بعد دروازہ پھر کھلا' ورا دھ کھلے پٹ سے جمالی ملک نے چہرہ اندر کر کے دیکھا۔ اس کی ہلکی براؤن آنکھوں میں نمی اور شراب کی ملی جلی چمک تھی جیسے گلابی شیشے پر آہوں کی بھاپ اکٹھی ہو گئی ہو۔

'مجھ سے بہتر آدمی تو آپ کو مل رہا ہے — لیکن مجھ سے بہتر گھر نہ ملے گا آپ کو مغربی پاکستان میں'۔

اسی طرح سنتو جمعدارنی کے جانے پر بی بی نے سوچا تھا۔ ہم سے بہتر گھر کہاں ملے گا کلموہی کو۔

اسی طرح خورشید کے چلے جانے پر وہ دل کو سمجھاتی تھی کہ اس بدبخت کو اس سے اچھا گھر کہاں ملے گا اور ساتھ ساتھ بی بی یہ بھی جانتی تھی کہ اس سے بہتر گھر چاہے نہ ملے وہ لوٹ کر

آنے والیوں میں سے نہیں تھیں۔ اتنے برس گزرنے کے بعد آج ایک پُل تعمیر ہو گیا آپی آپ ماضی سے جوڑنے والا۔ وہ دل برداشتہ انارکلی چلی گئی ـــــ اس کا خیال تھا کہ دو چار گھنٹے کی غیر موجودگی سب کچھ ٹھیک کر دے گی۔ ستو جمعدارنی اور خورشید بیگم کو آٹے دال کا بھاؤ معلوم ہو جائے گا۔

لیکن ہوا یوں کہ جب وہ اپنے اکلوتے دس روپے کے نوٹ کو ہاتھ میں لیے بانو بازار میں کھڑی تھی اور سامنے ربڑ کی چپلوں والے سے بھاؤ کر رہی تھی اور نہ چپلوں والا پونے تین سے نیچے اترتا تھا اور نہ وہ ڈھائی روپے سے اوپر چڑھتی تھی، عین اس وقت ایک سیاہ کار اس کے پاس آ کر رکی۔

اپنے پرانے پھٹے پیروں کو نئی چپل میں پھنساتے ہوئے اس نے ایک نظر کار والے پر ڈالی۔

وہ اپالو کے بت کی طرح وجیہہ تھا۔

کنپٹیوں کے قریب پہلے چند سفید بالوں نے اس کی وجاہت پر رعبِ حسن کی مہر بھی لگا دی تھی۔ وقت نے اس سینٹ کا کچھ نہ بگاڑا تھا۔ وہ اسی طرح محفوظ تھا جیسے ابھی ابھی کولڈ سٹور تج سے نکلا ہو۔

بی بی نے اپنے کیکر کے چھال جیسے ہاتھ دیکھے ـــــ

پیٹ پر نظر ڈالی جو چھاگل میں بدل چکا تھا ـــــ

اور ان نظروں کو جھکا لیا جن میں اب کتیرہ گوند کی بجھی بجھی سی چمک تھی ـــــ

جمالی ملک اس کے پاس سے گزرا لیکن اس کی نظروں میں پہچان کی گرمی نہ سلگی۔

واپسی پر وہ پروفیسر صاحب سے آنکھیں چرا کر بستر پر لیٹ گئی اور آنسوؤں کا رکا ہوا سیلاب اس کی آنکھوں سے بہ نکلا۔

پروفیسر صاحب نے بہت پوچھا لیکن وہ انہیں کیا بتاتی کہ درخت چاہے کتنا ہی اونچا

کیوں نہ چلا جائے اس کی جڑیں ہمیشہ زمین کو ہوس سے کریدتی رہتی ہیں۔ وہ انہیں کیا سمجھاتی کہ آئیڈیلز کچھ مانگنے کا کپڑا نہیں جو پہن لیا جائے۔

وہ انہیں کیا کہتی کہ عورت کیسے توقعات وابستہ کرتی ہے ــــ

اور ــــ

یہ توقعات کا محل کیونکر ٹوٹتا ہے؟

وہ غریب پروفیسر صاحب کو کیا سمجھاتی!

ایسی باتیں تو غالباً آپ جمالی ملک بھی بھول چکا تھا۔

ــــــــ

پسپائی

ساتھ والے کمرے سے چیخ کر منی نے پوچھا:

"آپا —— ! اِند کے کیا معنی جی ؟"

"اِند کے ؟"

"جی ہاں اِند کے ! کیا معنی ہوئے بھلا ؟"

"تھوڑی ۔"

"تھوڑی —— یعنی تھوڑی چیز ؟ —— کیوں آپا یہی نا ! —— "منی نے چیختی ہوئی آواز میں پھر پوچھا۔

"چلو یوں ہی سمجھ لو" —— صوفیہ نے اکتا کر کہا۔

چند لمحے خاموشی رہی۔ اس نے نیلے لفافے پر نگاہیں گاڑ دیں اور ماتھے پر اَن گنت تیوریاں ڈال کر پھر سوچ میں ڈوب گئی ۔

"آپا —— آپا اس کے کیا معنی ہیں ، ہنوز چشمش نگراں است کہ ملکِ باد گراں ماست ۔"

ساتھ والے کمرے سے پھر آواز آئی ۔

صوفیہ کی نگاہوں سے جھلاہٹ ظاہر ہونے لگی اور ماتھے کی شکنیں گہری ہو گئیں ۔

اس نے جھڑکنے کے انداز میں کہا:

"منی اگر تم کو گلستان پڑھنا ہے تو ابا کے پاس بیٹھو۔ مجھے فارسی نہیں آتی"۔

منی اس کے دروازے میں آ کھڑی ہوئی اور نیلے سوتی پردوں میں سے جھانکتی ہوئی بولی ——— "بتا دو نا آپا جی ——— پرسوں ٹسٹ ہے۔ ہائے اللہ بتا بھی دو"۔

"ابھی تک نگاہ نگرانی کرتی ہے گو ملک کسی اور کی ملکیت ہو چکا ہے ——— سنا؟——"

آپا نے جلدی جلدی لاتعلقی سے کہا۔

"ابھی تک اس کی نگاہ ——— "منی رک گئی۔

"نگرانی کرتی ہے۔ گو ملک کسی اور کی ملکیت ہو چکا ہے" ——— صوفیہ نے دہرایا۔

"جی ——— شکریہ ——— چشمش نگراں است کہ ——— "رٹتی ہوئی منی رخصت ہو گئی لیکن صوفیہ کے ذہن میں یہ جملہ چکر لگانے لگا۔ رات کے اندھیرے میں شکستہ مقبرے کے موکھے سے کوئی کبوتر سوتے میں سر قد پر پھڑ پھڑانے لگا۔

اس نے گود میں پڑا ہوا نیلا لفافہ کھولا۔ اس کی ملفوف تحریر پڑھی۔ ایک لمحے کے لیے آئینے میں دیکھا اور پھر اپنے ٹرنک کے کپڑے نکالنے میں مشغول ہو گئی۔

صوفیہ کا قد اگر دو انچ لمبا ہوتا تو اس کی چال کا وقار بڑھ جاتا۔ اگر اس کی سانولی صورت ذرا نکھری ہوتی تو اس کی آنکھوں کے سیاہ بھونرے اور بالوں کا ریشمی اندھیرا بڑا دلفریب ہوتا۔ اگر اس کی ناک آگے سے اس قدر پھیلی ہوئی نہ ہوتی تو بھیگے بھیگے ہونٹ بڑے دلآویز نظر آتے ——— اور پھر اگر اس کی گردن ذرا سی اور اونچی ہوتی تو اس کی ساری شخصیت کا مجموعی تاثر زیادہ جاذبِ نظر ہوتا۔ اس کے گلے میں ایک جیتی جاگتی مینا بیٹھی تھی لیکن کبھی کبھی نہ جانے کیوں اس مینا کی چہکار طوطے کی پکار بن کر رہ جاتی تھی لیکن تھا یوں کہ صوفیہ کی ہر ایک چیز میں بس ایک انچ کی کسر رہ گئی تھی۔

وہ بڑی پیاری سی لڑکی تھی لیکن خوبصورت ہونے کا ارمان اس کے جی ہی جی میں دم

توڑ گیا۔ صوفیہ کو کس کس چیز کا افسوس نہ تھا۔ وہ ناک کے لیے دعا کرے کہ رنگ نکھرنے کی تمنا میں آہیں بھرے۔ گردن لمبی ہو جانے کی آرزو میں مرے کہ درازیٔ قد کے لیے سربسجود رہے؟ —— یونہی شیشے پر نظر پڑ جانے سے اس کے لبوں سے ایک سرد آہ نکلتی اور ہوا میں اس طرح تحلیل ہو جاتی جیسے پانی میں برف کی کرچی!

"آپا —— آپا جی —— یہ فیکٹر کس فارمولے سے حل کروں! —" نعیم نے اپنی کاپی اس کی ناک تلے کر کے پوچھا۔

صوفیہ نے اپنی بانہوں میں بھرے ہوئے کپڑے پلنگ پہ ڈھیر کیے اور چڑ کر بولی —"کسی فارمولے سے بھی نہیں۔"

"کسی فارمولے سے بھی نہیں آپا؟" —— نعیم نے حیران ہو کر پوچھا۔

"جی صاحب کوئی فارمولا نہیں لگے گا۔ اب جائیے ——"

"بتا دو آپا جی —— پلیز آپا۔ ماسٹر جی آتے ہی ہوں گے۔ سوال کیسے حل ہو گا؟ —" نعیم نے منت کی۔

"حل نہیں ہو گا —— بس نہیں ہو گا۔ دفع ہو جاؤ۔ ایک تو سارے جہاں کی پڑھائی اسی گھر میں گھس آئی ہے۔" صوفیہ نے جل کر کہا۔

"کیا آپا؟ —"

"میں کہتی ہوں اور بچے بھی تو ہوتے ہیں۔ ہنستے کھیلتے ہیں۔ مزے کرتے ہیں۔ یہاں ایسا چوبیس گھنٹوں کا مکتب کھلا ہے کہ صبح سے شام تک آموختہ ہی رٹے جاتے ہیں۔"

"تم ناراض ہو آپا؟ —" نعیم نے کچھ اس طرح پوچھا کہ صوفیہ مسکرا دی۔

"نہیں بھئی —— لاؤ کاپی —"

صوفیہ نے ہاتھ بڑھا کر سوال حل کر دیا اور آہستہ سے بولی:

"دیکھو نعیم! فارمولوں سے کچھ نہیں بنتا۔ کتابوں سے کچھ نہیں سنورتا۔ زندگی میں

ایک چیز تجربہ بھی ہے۔ ایک چیز ڈھنگ بھی ہوتی ہے۔ جنہیں تجربے کی روشنی میں زندگی کرنے کا ڈھنگ آ گیا وہ جیت گئے!

"کیا کیا کیا؟ — " نعیم نے منہ کھول کر پوچھا۔

لیکن آپا نے جو بات اپنے آپ سے کہنی تھی آگے نہ بڑھائی اور ہنس کر بولی:

"کچھ نہیں بھئی۔ جاؤ سوال نکالو ماسٹر صاحب آتے ہی ہوں گے۔"

صوفیہ نے ہولے ہولے کپڑوں کا انبار بستر پر لگا دیا لیکن اتنے سارے کپڑوں کے باوجود اس کے ماتھے کی لکیریں آپس میں جڑی ہوئی تھیں اور لبوں کے دونوں کونے لٹکے ہوئے تھے۔

ماتھے پر گرے ہوئے بالوں کو ہاتھ سے پرے کرتے ہوئے اس نے ایک ایک کپڑے کا بغور جائزہ لیا۔ نیلی قمیص اچھی تھی لیکن اس کے ساتھ کا دوپٹہ کل متی کالج اوڑھ کر لے گئی تھی تو اس کا کنارہ سائیکل کی چین نے چبا ڈالا ——— گلابی سوٹ بہتر ثابت ہو سکتا تھا لیکن اب تو قمیصیں اس قدر لمبی ہو چکی تھیں کہ ٹخنوں کی خبر لاتی تھیں اور یہ گلابی قمیص دو سال پہلے کی سلوائی ہوئی تھی جب شلوار کی اپنی ایک منفرد حیثیت ہوا کرتی تھی ———
اس نے سبز غرارہ اور قمیص نکال کر جائزہ لیا۔ سب کچھ ٹھیک تھا۔ قمیص اس کے جسم کے خطوط پر ٹھیک بیٹھتی تھی۔ غرارہ چلنے میں یوں آواز دیتا جیسے کوچوان چابک جھٹک رہا ہو۔ گوٹ اچھی کٹی تھی۔ لمبائی ٹھیک تھی۔ گھیرا خوب تھا لیکن ایسے خوبصورت غرارے قمیص کے ساتھ سوتی جالی کا دوپٹہ تو یوں لگتا تھا جیسے پھولوں سے لدا پھندا دولہا سائیکل پر جا رہا ہو —
اور باقی کپڑے تو سب کے سب صفر تھے۔ کم از کم صوفیہ کا یہی خیال تھا۔ اس نے اپنے جی میں سوچا، لال قمیص انتہائی خطرناک ثابت ہو سکتی ہے۔ سانولا رنگ اور لال قمیص گویا حبشی تربوز کھا رہا ہو — اور سفید کپڑے بھی ناموزوں رہیں گے۔ کیونکہ ایسا نہ ہو کوئی سمجھے کوا چونے میں چونچ نکالے بیٹھا ہے — اور زرد رنگ تو وہ کسی قیمت پر بھی پہننے کی جرأت نہیں

کرسکتی تھی۔ لگے گا سرسوں میں بھینس پھر رہی ہے۔

اس نے ناپسندیدگی سے اپنے کپڑوں پر جی ہی جی میں تبصرہ کیا اور پھر قلم کاغذ اٹھا کر اپنی سہیلی کو رقعہ لکھنے لگی۔

یک دم کمرے میں ننھی بیبو داخل ہوئی اور اس کی بانہہ پہ قاعدہ رکھتے ہوئے بولی:

'اور آپی دی "ع" سے عینک ہوتی ہے ناں؟"

'جی.... ہاں عینک ہی ہوتی ہے۔' وہ جلدی سے پیڈ پر قلم گھسیٹتی رہی۔

'پر کیوں ہوتی ہے؟"

'ہوتی ہے بیبو "ع" سے عینک اور "ق" سے قینچی! — یہ جانے کب سے ہوتی چلی آئی ہیں اور کب تک ہوتی چلی جائیں گی۔'

'پر کیوں کیوں کیوں دی؟'

'بس ایسے ہی ہوتا ہے بیبو —"

صوفیہ نے زبان لفافے پر پھیرتے ہوئے کہا اور پھر بیبو کی طرف بڑھاتے ہوئے بولی — 'دیکھو۔ یہ رقعہ لے اور نعیم کو ساتھ لے کر آپا افضل کے گھر جانا۔ سن رہی ہے نا۔ — آپا افضل کے گھر۔ وہاں سوڈا واٹر نہ پینے بیٹھ جانا۔ وہ تجھے کچھ کپڑے دیں گی....'

بیبو نے یک دم ٹوک کر کہا۔ 'کپڑے آپی دی۔ پر کیوں؟'

'بس دیں گی کپڑے۔ سنبھال کر سیدھی میرے پاس لانا — میں تجھے چیونگ گم دوں گی۔ سنا؟"

'کتنی چیونگ گم؟'

'ایک —!' صوفیہ بولی۔

'تین —!'

'نہیں دو —'

"دو تیوں؟ تین! اچھا ـــــ"

"اور مجھے کتنی چیونگ گم دو گی آپا؟ ـــــ" نعیم نے ساتھ والے کمرے سے نازل ہوتے ہوئے پوچھا۔

"دو ـــــ" صوفیہ بولی۔

"نہیں آپا، چار! ـــــ" نعیم منمنایا۔

"اچھا تین ـــــ"

"نہ آپا۔ پوری چار۔"

"جاؤ میں خط نہیں بھجواتی۔ منگتے کہیں کے!" صوفیہ نے چڑ کر جواب دیا۔

"اچھا مجھے چار دے دینا۔ میں اکیلا ہی چلا جاتا ہوں ـــــ" نعیم نے پپو سے خط چھینتے ہوئے کہا۔

"اوں ہوں! ـــــ خط پھٹ جائے گا۔ نہیں گھر کا تو پتہ نہیں بھلا جاؤ گے کیسے؟" صوفیہ نے پوچھا۔

"پوچھ لوں گا جی۔ اس دن چوبرجی باجی نزہت کے گھر اکیلا ہی تو گیا تھا آپا؟" نعیم نے وثوق سے کہا۔

"یوں تم داؤ دے؟ تم مجھے تین دے دینا میں زینب کو لے کر جاتی ہوں" ـــــ چھوٹی پپو خط سینے سے لگاتے ہوئے بولی۔

"اگر جاتے ہو تو اکٹھے جاؤ ورنہ میں خود چلی جاؤں گی" صوفیہ نے روہانسی ہو کر کہا۔

اور جب پپو اور نعیم رخصت ہو گئے تو اس نے بغیر سنوارے سارے کپڑے ٹرنک میں ڈھیر کر دیے۔ لگتا تھا امریکی گونوں کی گانٹھ سے ابھی پتریاں کٹی ہیں۔

پلنگ پر آف وائٹ رنگ کی ساڑھی تازہ استری کر کے رکھی گئی۔ ساتھ ہی سلکی بلاؤز ہینگر پر ٹانگا گیا جیسے لاجونتی کا پودا ہو۔ شرمیلا سا۔ ہاتھ لگتے ہی چُرمُر ہو جانے والا ـــــ

ساڑھی اور بلاؤز کی طرف سے اطمینان ہو گیا تو صوفیہ نے ایک لمبی سانس لی۔ گرم استری کے قرب سے جو پسینہ اس کے چہرے پر اکٹھا ہو گیا تھا، اس نے پونچھا اور پلنگ کی پشت سے ٹیک لگا کر ان وسوسوں کو جی سے نکالنے لگی جو بزدل مصاحبوں کی طرح ظلِ الٰہی کو ڈرا رہے ہوں۔

ساتھ والے کمرے میں ابا میاں نعیم کو بڑے زور و شور سے انگریزی پڑھا رہے تھے۔ ان کی گرجدار آواز بار بار صوفیہ کو سوچتے میں چونکا چونکا دیتی اور خیالات کا سلسلہ ٹوٹ کے رہ جاتا۔ ٹھنٹھناتے برتن کی سی آواز میں بڑے دھوم دھڑکے سے بار بار ہجوں پہ اصرار ہو رہا تھا اور بیچارہ نعیم ممنی سی آواز میں یوں الفاظ گلتا کہ ساری اے بی سی ایک سے ہو کر رہ جاتے۔

صوفیہ نے نیلا خط تکیے تلے سے نکالا۔ بڑے اہتمام سے اس کی تہ کھولی اور اپنی سہیلی کا وہ خط پھر پڑھنے لگی جسے وہ صبح سے قریباً ہر پندرہ منٹ کے بعد پڑھ چکی تھی۔ لکھا تھا:

"تم خواہ مخواہ نیاز سے ملتے ہوئے بدکتی ہو۔ ارے بھی کچھ بھی تو نہیں۔

کچھ بھی تو نہیں ___ واقعی! ___"

خط بند کر کے اس نے سر جھکا لیا اور ہونٹ کاٹتے ہوئے سوچنے لگی کہ سوچنے کے انداز بھی کتنے مختلف ہوتے ہیں اور ایک انسان کی پسند میں اور دوسرے کی پسند میں کیسے کڑے کوسوں کا فاصلہ ہوتا ہے۔ یہ اسی یاسمین کا خط تھا جس نے نیاز کی شادی کے دن سارا وقت اِدھر اُدھر کی گپیں ہانکنے میں گزار دیا تھا لیکن جب صوفیہ کے منہ کا تالا اس بکواس سے نہ کھل سکا تو یاسمین نے سیدھے سبھاؤ کہا تھا:

"ارے نیاز کی بھی کوئی بات ہے ___ ایسے شخص تو فیشن کی کتابوں میں ماڈل ہوا کرتے ہیں۔ صوفیہ! مرد ہو تو ایسا ہو ___ ایسا ہو کہ ڈوگ ٹک دے سکے۔ سمجھیں!"

یک لخت برادے میں چنگاری پڑی اور صوفیہ نے زانو پہ جھکے ہوئے سر کو اٹھا کر پوچھا:

"کیا معنی؟"

"ارے! ڈوگ ٹک نہیں سمجھتیں؟ کبھی دیکھا نہیں جنگلی کتے کس طرح رو ند کو نکالا کرتے ہیں؟ ـــ چاہے ڈبو میاں خارشی ہوں۔ ٹانگ میں لنگ ہو لیکن آنکھوں میں "آ آزما دیکھ" کی سی کیفیت ہوتی ہے لیکن تم کیا سمجھو گی ـــ نہیں جی تمہیں تو شیو شدہ دھوئے دھائے بڑے خوش وضع قسم کے معزز آدمی پسند ہیں جن کا رنگ سفید اور ہونٹ لڑکیوں کی طرح نازک ہوتے ہیں ـــ انہیں دیکھتے ہی سنبھل کر بیٹھنا پڑتا ہے کہ کہیں ہماری کسی حرکت سے ان کی پیشانی نہ بھیگ جائے ـــ ارے چھوڑو ایسے لوگ کب ڈوگ ٹک دے سکتے ہیں؟"

"ڈوگ ٹک؟" اس نے پھر پوچھا۔

"سنو صوفیہ! میرا آدرشی مرد تو مجھے ہمیشہ سیڑھیاں اترتا نظر آتا ہے۔ لمبا تڑنگا ـــ جس کی گالیں نہیں بلکہ ابھری ہوئی ہڈیاں ہیں۔ کپا بچے ایسے چہرے پر سرخی مائل سانولی کھال تنی ہوئی نظر آتی ہے۔ اس کے بڑے بڑے پیر بوٹوں میں گھدے ہوئے نظر آتے ہیں۔ وہ اترتا ہے بڑے طمطراق سے، بڑے عزم کے ساتھ ـــ میں سیڑھیوں کے نیچے کھڑی یوں محسوس کرتی ہوں کہ ہر قدم اٹھتا ہے اور میرے قد سے چند انچ کاٹ کر علیحدہ کر دیتا ہے۔ اس کی ناک اور ہونٹوں کے ارد گرد کھائیوں ایسی لکیریں اور آنکھوں تلے کے حلقے اور بھی سیاہ ہو جاتے ہیں۔ پھر وہ اپنی واسکٹ کی جیبوں میں ہاتھ ڈالے اترتا ہے۔ اترتا چلا آتا ہے حتیٰ کہ میں اس سے دو قدم رہ جاتی ہوں اور پھر بھی وہ رکتا نہیں ٹھہرتا نہیں۔ اسے میرے بالوں میں سجے ہوئے پھول اور جسم سے پٹے ہوئے کپڑے نظر نہیں آتے ـــ فقط چند لمحوں کے لیے اس کی آنکھیں سکڑ جاتی ہیں اور آنکھوں میں ابوالہول کی سی بے نیازی جھلکنے لگتی ہے ـــ اسے ڈوگ ٹک کہتے ہیں۔ جس طرح ڈبو میاں حریص

ہوتے ہیں اور پھر بھی ان کی جنگلی جبلت پکار پکار کر کہتی ہے دُور پرے ہو — بس ایسے ہی جبڑے سخت کرکے آنکھیں سکیڑتے ہوئے میرا آدرشی مرد مجھے دیکھتا ہے اور کہتا ہے دُور پرے ہو۔"

'اور تمہیں غصہ نہیں آتا؟' حیران ہوکر صوفیہ نے پوچھا تھا۔

'غصہ — ارے غصہ ایسا غصہ — میرے تن بدن میں آگ لگ جاتی ہے۔ میں غصے سے کانپنے لگتی ہوں اور میرا جی چاہتا ہے کہ ہاتھ میں لٹکایا ہوا پرس اس کے سر پہ دے ماروں لیکن وہ ہونٹوں کی ہلکی سی جنبش سے مسکرا کر آگے نکل جاتا ہے۔ مجھے اس لمحے سمجھ نہیں آتی کہ اس کی آنکھوں کی حقارت اور لبوں کی ستائش کس ڈانڈے پر ملتی ہے۔ بس اس کے ہر قدم کے ساتھ میرا قد چھوٹا ہوتا چلا جاتا ہے اور مجھے یوں لگتا ہے کہ میں حقیر سی مکھی اور وہ بڑا سا خونخوار شیر ہے۔ اگر میں نے اپنا پرس اس کے سر پہ مارا بھی تو اس کا کچھ نہیں بگڑے گا۔ وہ مسکراتا ہوا آگے نکل جائے گا اور بس —'

'مجھے تو آدمی کی آنکھوں میں معصومیت کی طلب ہے۔' صوفیہ نے فیصلہ کُن انداز میں بات کی۔

'معصومیت؟ یعنی ناتجربہ کاری! ارے کیوں معصومیت کی بھینٹ چڑھنے لگی ہو۔ ایسا انسان تو چاہے کتنے ہی مظالم توڑے اسے بالآخر معاف کرنا پڑتا ہے اور وہ بھی میری جان صدقِ دل سے — اور کہیں ڈوگ لگ دینے والا اگر دغا دے تو لطف ہی آجائے۔ ایک قسم کا تناؤ ہمیشہ باقی رہے گا کیونکہ اس کی ساری شخصیت تناؤ سے بنی ہے۔ ایسا تناؤ نہیں جو اُسے دیکھ کر میں محسوس کرتی ہوں بلکہ وہ کھینچے کی سی کیفیت جس سے اس زمین کے سارے عناصر آپس میں پیوست ہیں — اور تمہارے فیشن بک کے ماڈل صاحب تو دوسرے دن ہی بُھول بھال جائیں گے بالکل —"

صوفیہ نے سر جھکا لیا اور اپنے آپ سے بولی — 'نہیں یاسمین! بُھلا دینا کچھ ایسا

آسان بھی نہیں ہوتا جیسا تم سمجھتی ہو۔

چینک سے پاس والے کمرے میں دتی جلی اور منّی نے ریڈیو کے کان اس زور سے مروڑے کہ چند لمحے تو ابا بھی ہچے کرانا بھول گئے۔

فرمائشی پروگرام تو دیر ہوئی ختم ہو چکا تھا۔اب تو وہ ریکارڈ بھی سنائی دینے بند ہو گئے تھے جو پان والے کی دکان سے پکار بن کر اٹھ رہے تھے۔ابا میاں کے کمرے کی بتی بجھ چکی تھی اور ان کے خراٹے بلند ہو رہے تھے۔منّی کے کمرے میں ابھی تک روشنی تھی لیکن لگتا تھا کہ وہ اپنے ٹسٹ کے لیے پڑھتی پڑھتی کتاب پر جھکی سو چکی ہے۔سارے گھر پر خاموشی طاری تھی،صرف باورچی خانے میں نلکہ چل رہا تھا اور برتن گھسٹنے اور مانجھنے کی آوازیں آ رہی تھیں۔

صوفیہ کئی گھنٹے دائیں گال پر ہاتھ رکھ کر سوچتی رہی تھی۔سامنے دیوار پہ نگاہیں گاڑے گاڑے اب اس کی آنکھوں میں درد ہونے لگا تھا۔اس نے رخسار سے چپکی ہوئی ہتھیلی اٹھائی تو گال میں علین آنکھ کے نیچے ٹیس سی اٹھی۔اس نے ہاتھ بڑھا کر ڈریسنگ ٹیبل سے کریم کی شیشی اٹھائی اور ہولے ہولے اس سرخ حصے پر تھوڑی سی کریم ملنے لگی۔پھر اس نے دوپٹے کے کونے سے ہاتھ پونچھ کر ازسرِ نو لفافہ کھولا اور اس تحریر پر نظریں گاڑ دیں جو بغیر پڑھے ہی اس کے ذہن میں اپنا آپ دہراتی چلی جا رہی تھی — بادلِ ناخواستہ ایمان لاتے ہوئے اس نے اس کے الفاظ پڑھے:

"تم نے نیاز کی بیوی نہیں دیکھی — ارے چھوڑو صوفیہ! — تمہارے بعد اسے دیکھ کر یوں لگا جیسے گرم گرم چائے کی پیالی کے بعد بنفشہ حلق میں انڈیلنا پڑے — بہذا تم نیاز سے ضرور ملو۔ ملنے والی بات ہی ہے۔میری تمنا نہیں استدعا ہے۔جانتی ہو یوں چپ کر بیٹھ رہنے سے وہ کیا سمجھے گا؟ یہی کہ تم مارے رنج کے اندر ہی اندر گھلی مرتی ہو اور مارے شرم کے کسی کو

منہ نہیں دکھائیں۔ سنو صوفیہ! نیاز سے ملنا ناگزیر ہے۔ پرسوں ہمارے ہاں اس جوڑے کا نزول ہو رہا ہے۔ تم یوں بن سنور کر آؤ کہ ایک بار تو نیاز بھی کلیجہ مسوس کر رہ جائے ——— اور کچھ نہیں تو تم پچھتاوا بن کر ہی اس کے وجود سے چمٹ جاؤ۔ توبہ توبہ! یہ چپ کر زندگی بسر کرنا تو انتہائی بزدلی ہے"!

صوفیہ نے اپنے ہاتھوں کا پیالہ بنا کر چہرہ ان میں لے لیا اور ماتھے پر بے شمار بل ڈال کر سوچنے لگی۔ آخر یاسمین ٹھیک ہی تو کہتی ہے۔ اور کچھ نہیں تو نیاز کے جی میں ہلکی سی کسک بن کر ایک بار پھر اٹھنا چاہیے ——— وہ سال بھر کے وقفے میں کتنی بدل گئی تھی۔ یہی نیاز تھا جس کے لیے وہ کبھی خیال میں بھی دکھ کا تصور کرنا نہ جانتی تھی اور یہی نیاز تھا، جس کے وجود کے ساتھ وہ گھن بن کر لپٹ جانا چاہتی تھی کیونکہ وہ سارے وعدے جو نیاز کے لبوں سے سرگوشیاں بن کر نکلے اس کے ذہن میں اب تک ہتھوڑے چلا رہے تھے۔ وہ ننھی منی شرارتیں اس کے لہو میں تحلیل ہو کر ابھی تک حرکت کرتی تھیں جو شرارتیں ہی تھیں فقط شرارتیں! ——— اور وہ مبہم سی گرویدگی جو نیاز کینچلی کی طرح کب کا اتار چکا تھا۔ ابھی تک اس کی زیست کا حاصل تھی۔ وہ ساری باتیں اب قند و نبات نہ رہی تھیں بلکہ ان میں اب پچھتاوے، شرمندگی اور وسوسوں کا زہر مل گیا تھا اور جیسے جیسے وقت گزرتا جا رہا تھا ان باتوں کا کسیلا پن اس کی زندگی میں کڑوے دھوئیں کی طرح بل کھا رہا تھا ایسا دھواں جسے نکلنے کی راہ نہ ملے اور یہ سب کچھ برداشت کر لیا جاتا، سب کچھ سہ لیا جاتا اگر صبح و شام صوفیہ کو یہ خیال نہ ستاتا کہ نیاز کی شادی اس کی اپنی پسند کی شادی تھی، اس میں اس کے ماں باپ کا دباؤ قطعی شامل نہ تھا۔

یاسمین کے خط کو پڑھ کر اسے بڑا حوصلہ ہوا اور وہ درد بھی بھول گیا جو دائیں گال میں رہ رہ کر کروٹیں لیتا تھا۔ اس نے نیاز کی بیوی سے متعلق جملہ بار بار پڑھا اور ہلکی سی مسکراہٹ اس کے لبوں پر پھیل گئی۔ اس نے ساڑھی اٹھا کر اپنے چہرے کے ساتھ لگائی۔ بلاؤز کر

جا پہنچا اور پھر نہ جانے کیا سوچ کر قمیص اتارنے لگی ـــــ اسے ریہرسل کی اشد ضرورت محسوس ہوئی۔

قدِ آدم آئینے میں اپنا آپ دیکھ کر تو وہ متحیر رہ گئی۔ ساڑھی کی سلوٹیں اس کی ٹانگوں کے ساتھ چمٹی ہوئی تھیں۔ پتلی سی تنگ کمر بلاؤز میں اور بھی گھٹ کر رہ گئی تھی اور بھرے بھرے کندھے نمایاں نظر آنے لگے تھے۔

اپنی شبیہ دیکھ کر اسے بھول گیا کہ ناک آگے سے پھیلی ہوئی ہے کیونکہ لپ سٹک کا رنگ ہی ایسا تھا کہ ناک پر نظر ہی نہ جمتی تھی اور گلے میں پڑی ہوئی کنٹھی ایسی تھی کہ احساس ہی نہ ہوتا تھا کہ کندھے سر کے بہت قریب ہیں۔ گھنیرے بال سنور کر جوڑے کی شکل میں اس کی گردن پر کنڈلی مارے بیٹھے تھے اور آنکھوں میں چمک تھی گویا وہ آگ کے سامنے بیٹھی بڑی پُر اسرار کہانی سُنا رہی ہو۔

صوفیہ نے ایک لمبی سانس لی اور اپنے جلتے رخساروں پر ہتھیلیاں جمالیں۔ دائیں گال میں ٹیس سی اٹھی لیکن اس نے بڑی بے پرواہی سے کہا:

'نہیں یاسمین! میں ضرور آؤں گی۔ مجھے بزدل نہ سمجھو ـــــ میں اس بار ضرور آؤں گی اور جب نیاز آگے بڑھے گا تو میں سیڑھیاں اترتے ہوئے اس کی طرف ضرور دیکھوں گی۔ ایک ایسی نظر سے جس میں جنم جنم کی پھٹکار ہو گی ـــــ'

ایسے ہی خیالوں میں الجھی ہوئی وہ رات دیر سے سوئی۔ صبح اس وقت آنکھ کھلی جب سورج کھڑکی میں سے جھانکنے لگا۔ منی بغیر اس سے پوچھے اس کا دوپٹہ اوڑھ کالج جا چکی تھی۔ نعیم، پپو کو سائیکل پر بٹھا بچوں کے سکول کو روانہ ہو چکا تھا اور ابا میاں ڈیڑھ گھنٹہ اپنی بچھڑی ڈھونڈنے کے بعد خالی ہاتھ کچہری چلے گئے تھے۔ گھر میں خاموشی تھی لیکن آنگن میں جھاڑو دینے کی آواز آ رہی تھی۔

صوفیہ نے بڑی لمبی سی انگڑائی لی اور سامنے ٹنگی ہوئی ساڑھی کو دیکھتی ہوئی اٹھ کھڑی ہوئی۔ اس نے اپنے گالوں پر ہاتھ پھیرا اور اٹھتے ہی آئینے میں اپنا چہرہ دیکھنے لگی۔ رات والی کریم کی چکناہٹ ابھی تک چہرے پر موجود تھی لیکن غور سے دیکھنے پر اسے احساس ہوا کہ دائیں گال زیادہ سرخ تھی اور عین آنکھ کے نیچے یہ سرخی دھبہ بن چکی تھی۔ اس نے انگلی سے اس چٹاخ کو برابر کرنا چاہا لیکن انگلی کے دباؤ سے رخسار میں ایسا درد اٹھا کہ اس نے دبانا چھوڑ دیا اور منہ دھونے کے لیے غسلخانے کی طرف چل دی۔

منہ دھونے کے بعد جب اس نے دوبارہ دیکھا تو سرخی بڑھ رہی تھی اور ناک کی دیوار اور گال کی اترائی کے درمیان ایک پھنسی کا ابھرتا ہوا سر نظر آ رہا تھا۔ صوفیہ نے جلدی سے اس حصے پر کریم ملی اور دعا کرنے لگی کہ پھنسی شام ہونے سے پہلے پہلے دب جائے۔

چار بج چکے تھے۔ صوفیہ آف وائیٹ ساڑھی پہنے پلنگ پر بیٹھی تھی۔ کپڑے ویسے ہی چپٹے ہوئے اس کے جسم کی خوبیاں اجاگر کر رہے تھے لیکن صوفیہ کا چہرہ اترا ہوا تھا۔ اور وہ بار بار آئینے میں چہرہ دیکھ رہی تھی۔

ساتھ والے کمرے میں پڑھنے والوں نے پھر اپنی پڑھائی شروع کر دی تھی۔ منی فارسی رٹنے جا رہی تھی اور نعیم سر کو پنسل سے کھجلاتا ہوا فارمولوں کے حل سوچ رہا تھا۔ پھر منی نے پڑھتے پڑھتے یکدم پکارا:

"آپا اب جا بھی چکو۔ کب کا تانگہ کھڑا ہے۔"

صوفیہ آئینے پر جھک گئی۔ دائیں گال تمتما رہی تھی اور آنکھ تلے ناک کی اٹھان تک ایک زرد رو بدہئیت پھنسی نے یوں سر نکال لیا تھا جیسے کچی بھنڈی کا بیج چپک کر رہ گیا ہو۔ مارے کرب کے اب اس کی سرخ آنکھیں سکڑی ہوئی تھیں اور دایاں رخسار کچھ یوں درد سے اوپر کو اٹھا ہوا تھا کہ اس کے لب کے کونے مسکراتے سے نظر آتے تھے۔ اس نے تنگ نظروں سے شیشے میں اس ڈوگ ٹک کو دیکھا اور پھر چہرہ ہاتھوں میں چھپا،

پھوٹ پھوٹ کر رونے لگی۔

"آپا — آپا —" پپّو نے کمرے میں وارد ہوتے ہوئے کہا۔

لیکن صوفیہ نے ہاتھ چہرے سے نہ اٹھائے۔

"یاسمین آپا تا فون آیا ہے دلدی آؤ —"

صوفیہ نے گھٹی گھٹی آواز میں منّی کو آواز دی۔ "منّی! یاسمین کو فون کر دو میرا سر درد کر رہا ہے میں نہیں آ سکتی۔"

"آپی — آپی دی رو تیوں رہی ہو —" پپّو نے پوچھا۔

ساتھ والے کمرے میں سے منّی بولی: "آپا تم آپ ہی فون کر دو میں پڑھ رہی ہوں اور باجی یاسمین بڑی لمبی باتیں کرنے لگتی ہیں۔"

پھر آموختہ رٹتی ہوئی اس کی آواز آئی:

"ہنوز چشمش نگراں است کہ ملک با دگراں است۔ ۔ ۔ ۔"

صوفیہ نے ساڑھی کے پلو میں منہ چھپا لیا۔ رات کا سارا حوصلہ آنسوؤں میں بہ رہا تھا اور منّی کی آواز اسے یوں جھنجھوڑ رہی تھی جیسے رات کے اندھیرے میں شکستہ مقبرے کے موکھے سے کوئی کبوتر گر کر مرقد پہ پھڑ پھڑانے لگے۔

پیا نام کا دیا

نہ جانے کب سے نبھر کی بنیادوں میں پانی پڑ رہا تھا۔ دیکھنے میں تو وہ بڑا تنومند درخت نظر آتا تھا لیکن اندر سے مٹی پولی ہو گئی تھی اور کھوکھلی جڑوں کا مرکزِ ثقل بگڑ چکا تھا۔ درخت بظاہر سرو قد تھا پر شنیوں کو اندر ہی اندر یہ پیام مل گیا تھا کہ کسی لمحے بھی درخت کا تناتیورا کر نئی کونپلوں سمیت زمین پر گر سکتا ہے۔

پیا کچھ ایسی غزال چشم نہ تھی۔ دراز قد بھی نظر نہ آتی۔ رنگت بھی عنابی شہابی نہ تھی لیکن برسن ہار بادلوں کی طرح اس کا وجود بڑے وعدوں کے ساتھ بھرا ہوا تھا — وہ کب برسے گی؟ — مینہ مسلسل ہو گا کہ کن من کن من جھڑی لگے گی — خشک سالی سے چٹخے ہوئے بنجر علاقے پر شیتل پھوار بن کر گرے گی کہ ٹھہرے تالاب پر ان گنت بھنوروں کی شکل میں جذب ہو جائے گی؟

جس روز پہلی بار قیصر کے دل کو کھونچ لگی وہ ایک فیشن ایبل بیکری میں کھڑا تھا۔ سامان وہ زیادہ بندھوا چکا تھا اور پیسے اس کی ملما نے کم دیے تھے — کیک پیسٹری کے ڈبوں پر نظر ڈال کر جب رازداری سے وہ اپنے بٹوے کے پرت کھولنے لگا تو اس وقت پیا شیشے کا وہ دروازہ کھول کر اندر داخل ہوئی جس کی باہر والی طرف "پُش"

لکی تھا۔

اچانک کھڑکی کھل جانے پر ہوا کے جھونکے سے جیسے منہ سے ایک آہ سی نکلتی ہے ایسے ہی قیصر کے ہونٹوں سے بڑی ہلکی بڑی نامعلوم سی سیٹی نذرانے کے طور پر نکلی۔ پیا کے لیے قیصر بجلی کا ایک کھمبا تھا جس میں اچانک شام ڈھلے بتی جل گئی تھی۔

وہ لاپرواہی سے آگے بڑھی۔ کاؤنٹر پہ ایک کہنی ٹکا کر اپنا چہرہ ہاتھ کے پیالے میں دھرا۔ ایک پاؤں زمین پر جمایا اور دوسرے پاؤں کے پنجے کو پیچھے کھڑا کر کے ہلاتی ہوئی بولی:

"کریم پف ہیں؟"

"جی ـــــ کس قدر؟"

"کوارٹر پاؤنڈ ـــــ"

قیصر پانچ پانچ دس دس روپے کے نوٹ اور ریزگاری جمع کرتا رہا۔ پھر اس نے بلیک فورسٹ کیک واپس کر دیا کیونکہ سامان اس نے زیادہ پیک کروا لیا تھا اور پیسے ماما نے کم دیے تھے۔

اس ساری کارروائی کے دوران وہ نیم جھکی مندی مندی سی آنکھوں سے پیا کو دیکھتا رہا۔ پیا نے شاکنگ پنک رنگ کا لبادہ نما کچھ قمیض کچھ فراک کچھ سکرٹ سا پہن رکھا تھا۔ لمبی ہیل والی کالی کورٹ شوز کے اندر شاکنگ پنک جرابوں میں دھاگے اکھڑ جانے کی وجہ سے لمبی ادھڑن بن گئی تھی ـــــ کندھوں پر دوپٹہ نہ تھا۔ مہندی رنگے سیاہ بالوں میں انگارہ سی چمک البتہ ضرور تھی۔

جب پیا کریم پف لے کر اور قیصر چار ڈبے اٹھائے بیکری سے نکلے تو قیصر نے پُش والا دروازہ کھولا۔ پیا کے گزرنے کا انتظار کیا۔ پیا نے مسکرا کر تھینک یو کہا اور سیڑھیاں اتر گئی۔ اس کے بعد وہ اپنی اپنی کار میں سوار ہو کر گاڑیاں بیک کرنے لگے

کیونکہ سامنے سڑک کے عین وسط میں کوئی حرماں نصیب کا مارا اپنی سفید گاڑی پارک کر گیا تھا۔ کار بیک کرتے ہوئے قیصر نے پپا کی گاڑی کا ماڈل، کار کا نمبر اور گرے ون مرڈی زانڈلا توٹ لڑکی کو دیکھا۔ مین سڑک پر پہنچتے پہنچتے سٹیرنگ کو پھیرنے والے قیصر کے ہاتھ بھیگ چکے تھے۔ ونڈ سکرین کے سامنے لگے ہوئے شیشے میں اب پپا کی کار نظر نہ آتی تھی کیونکہ وہ پچھلے موڑ پر ہی مڑ گئی تھی۔ اب اَن گنت کاروں کے باوجود قیصر کو سڑک خالی خالی نظر آئی۔

دل ہی دل میں قیصر نے سوچا' اِن لڑکیوں میں جانے خدا نے کیا خوبی رکھی ہے جب بھی یہ چاہیں، موسم بدل سکتی ہیں۔ سردیوں میں لُو چلنے لگے اور گرمیوں میں برف خانے جیسی سردی محسوس ہو۔ اندھیری رات جگمگا اٹھے اور پورن ماشی کی رات اندھی ہو جائے۔ وہ کار چلاتا ہوا سوچ رہا تھا کہ اس کمزور جنس کو بنانے والے نے بڑا ہی طاقتور بنایا تھا۔ دور بیٹھی عورت مرد کو ایسے کھینچ سکتی ہے جیسے لوہے چون کو مقناطیس ـــ کچھ اپنے آپ سے ناخوش اور کچھ اوپر والے سے گلہ گزار وہ گھر میں داخل ہوا۔

'اتنی دیر لگا دیتے ہیں کئو؟ ـــ کچھ خیال نہیں ہے تمہیں اے لیول امتحان ایسے تو نہیں دے دو گے۔ سب تمہاری شکایت کرتے ہیں ـــ بڑا ٹائم ویسٹ کرنا آتا ہے تمہیں؟"

پیسٹری پیٹیز کے ڈبے اس نے خاموشی سے ماما کو پکڑا دیے۔ جب سے وہ شیو کرنے لگا تھا اس کے تعلقات ماما سے اکھڑ گئے تھے۔ کبھی دوستوں کے سامنے ماما مٹھار مٹھار کر باتیں کرنے لگتی ـــ کبھی پانچ دس مہمانوں کے سامنے شیم شیم والی گفتگو کے ساتھ اس کا دل چھلنی کر دیتی۔ جب وہ دل لگا کر پڑھتا تب بہت جھڑکیاں پڑتیں۔ جب پڑھنا چھوڑ کر سکوائش کھیلنا شروع کر دیتا تو ماما پوری دلداریوں کے ساتھ اسے اپنے آپ سے باندھ لیتی۔ اس جھک جھکوری کی لمبی داستانیں آنو تک پہنچیں۔ ماما گھنٹوں اپنی سہیلیوں

کے ساتھ گگو کو ڈسکس کرتی۔ روتی، قسمیں کھاتی، اپنے بال نوچتی —— ماما کو کہیں اندر یقین ہو چکا تھا کہ اس کا گگو نالائق ہے۔ وہ اپنے باپ کی طرح کبھی زندگی بنا نہیں سکتا اور جو اونچا ٹارگٹ ماما نے قیصر کے لیے دل میں سوچ رکھا تھا اس تک پہنچ نہیں سکتا۔

پیا کو بیکری کی دکان پر دیکھنے کے بعد قیصر اپنے وجود کی جھڑن کے ساتھ گھر میں داخل ہوا کیونکہ سارا وجود تو وہ پیا کو نذرانہ دے آیا تھا۔ شاید یہ خبط آدھے گھنٹے کے بعد وی سی آر پر کوئی فلم دیکھتے ہوئے ختم ہو جاتا لیکن کبھی کبھی واقعات خود ہی سنگین شکل اختیار کر لیتے ہیں —— وہ ممل سا ننگے پاؤں قالین پہ پھر رہا تھا۔ اس کے کانوں میں ماما کی آواز تھی جب فون کی گھنٹی بجی۔ اس نے کارڈلیس اٹھایا تو اس پہ دو سہیلیاں آپس میں گفتگو کر رہی تھیں۔ پیا کہہ رہی تھی:

"تمہیں پتہ ہے آنٹی میرے لیے شاکنگ پنک سٹاکنگز لائی تھیں —— ایک تو سلی آج ہی پھٹ بھی گیا میں نے بیکری میں نوٹ کیا تھا —— ہاں بابا گئی تھی —— کریم پف لینے —"

ان دونوں لڑکیوں کی کراس ٹاک پر اگر قیصر گزارہ کر لیتا تو شاید عافیت گزرتی لیکن وہ تو بیچ میں کود پڑا، اور آگ جس کو وہ سمجھتا تھا کہ سرد پڑ جائے گی اور بھڑکی۔ اب پیا اور وہ ٹیلی فونی دوست بن گئے۔ پہلے پہل تو پیا کی طرف سے فون آنے لگا۔ وہ بڑی منتوں سماجتوں سے نمبر پوچھتا لیکن کج رفتار نے کبھی اپنا نمبر نہ بتایا ہمیشہ یہی کہتی۔ بس میں خود فون کروں گی۔

ان دنوں سارا وقت قیصر کا دل فون کی گھنٹی کے ساتھ بندھا رہتا۔ کہاں تو گھنٹی بجتی رہتی لیکن وہ قریب نہ پھٹکتا اور ماما غسلخانے سے چلاتیں —— بھئی گگو! فون کیوں نہیں دیکھتے —— وہ پھر بھی فون کی طرف نہ بڑھتا اور اب کارڈلیس ہی اس کے کمرے میں رہنے لگا۔ حتیٰ کہ نہاتے وقت بھی فون اس کے ساتھ جاتا۔ اس کی خواہش ہوتی کہ پیا رات کو فون

کرے لیکن پیا کہتی:

"نگو! میں رات کو کیسے فون کر سکتی ہوں۔ امی مجھے جان سے مار ڈالیں گی"۔

"اچھا رات کو ایک بجے ــــ تمہیں پتہ ہے میرے پاس ایک دیا ہے۔ میں نے اس کا نام پیا رکھا ہے۔ میں رات کو پورے ایک بجے اسے ٹیلی فون کے پاس رکھ کر جلاتا ہوں۔ جب تک وہ جلتا ہے میں جیتا رہتا ہوں ــــ جب وہ بجھنے لگتا ہے تو میں انتظار نہیں کرتا صرف جینا بند کر دیتا ہوں"۔

"ہائے نہیں۔ میں باجی کے کمرے میں سوتی ہوں ــــ میں رات کو فون نہیں کر سکتی ــــ"

"چلو آج رات ــــ صرف ایک بار ــــ"

ہوتے ہوتے رات کے پچھلے پہر لمبے لمبے فون ہونے لگے۔ آواز دونوں کی پیاری تھی اور دونوں یہی چاہتے تھے کہ تعریف اس آواز کی ہوتی رہے۔ ہولے ہولے ان فون کالز کی بدولت وہ ایک دوسرے کے یوں واقف بن گئے جیسے مدتوں ساتھ رہے ہوں نہ تو پیا کا ارادہ قیصر سے ملنے کا تھا اور نہ شدید خواہش کے باوجود قیصر پیا کو ملاقاتوں پر مجبور کرنا چاہتا تھا۔

اپر کلاس کے نوجوانوں کی طرح قیصر میں بھی ڈنک نہیں تھا۔ وہ سانپ، بچھو، بر یا سب کچھ تھا لیکن اس میں کاٹنے، خوخیانے، دھول دھپا مارنے کی صلاحیت نہ تھی۔ انگریزی زبان اور MANNERS نے اس کی بول چال میں ایک لاچاری سی پیدا کر دی تھی۔ ماما کے ساتھ صبح شام لاجواب کر دینے والی بحثوں نے اس میں گیلی لکڑی کا سلگاؤ پیدا کر دیا تھا جس قدر اسے بیول کی پڑھائی جان لیوا تھی اسی قدر وہ اپنے آپ کو اس محنت کا نا اہل پاتا تھا وہ اندر ہی اندر کہیں شاعر تھا۔ عاشق تھا۔ ناکام انسان تھا۔ وہ اپنی ماں کی آرزوؤں کو سمجھتا نہ تھا لیکن دنیاوی طور پر کامیاب ہونے کی اس میں صلاحیت نہ تھی۔ اکلوتا ہونے کی وجہ

سے وہ ماما کا کر تکیہ تھا اور جانتا تھا کہ اگر دنیاوی ترقی کے اس زینے پر نہ پہنچ سکا تو ماما کھڑی کھلوتی مر جائے گی لیکن گلے پڑے کا سودا وہ کر نہ سکتا تھا۔ اسی لیے اب وہ پڑھنے بیٹھتا تو کاپیوں پر خوبصورت کٹے بالوں والی لڑکیوں کی تصویریں بناتا رہتا تھا جنہوں نے شاکنگ پنک سٹاکنگز پہن رکھی ہوتی تھیں۔ یہ تصویریں گونگی تھیں لیکن قیصر ان کی زبان خوب سمجھتا اور بولتا تھا۔ کھڑکی میں کھڑے کھڑے ہوائی جہازوں کو دیکھنے کے بہانے وہ ایک آواز کے گرد بڑے بڑے خواب بُنتا رہتا۔ اس کے چہرے پر ہلکی سی سرخی اور آنکھوں میں خمار اتر آتا

یہی دن تھے جب وہ خود کلامی کا شکار ہوا ——

ہر وقت اس کے اندر بیٹھی ہوئی شاکنگ پنک لڑکی باتیں کرتی رہتی۔ وہ تار توڑ دیتا تو پھر فون کی گھنٹی بجنے لگتی اور وہ تمام سوال از سرِ نو پوچھے جاتے جن کا جواب دونوں جانب ازبر ہو چکا تھا۔

لیکن پیا کی احتیاط اور قیصر کی شرافت کے باوجود وہ دونوں ایک دن پھر سرِ بازار مل گئے۔ پیا آئس کریم کے انتظار میں تھی اور قیصر ماما کے لیے کچھ دوائیں خرید کر دکان سے باہر نکل رہا تھا۔

پہلی ہی نظر میں دونوں نے ایک دوسرے کو پہچان لیا۔ اپنی اپنی تربیت کی وجہ سے انہوں نے اس حادثے کو معمولی ثابت کرنے کی کوشش کی لیکن اندر ہی اندر قیصر کو لگا جیسے جشن تاجپوشی میں اسے تخت پر بٹھایا جا رہا ہے —— پیا بلش نہیں کرنا چاہتی تھی۔ قیصر ہکلانے کے موڈ میں نہ تھا۔ اس لیے پیا منہ پرے کر کے کون کھاتی رہی اور قیصر دکانوں کے بورڈ پڑھتا ہوا موسم کے متعلق باتیں کرتا رہا۔ دونوں کے قدم گلبرگ کے اس بازار میں مینخے گئے —— پیا دل میں حیران تھی کہ وہ جسے معمولی ٹیلی فون دوستی سمجھتی رہی وہ تو ایک ایسی بیماری ہے جس کا علاج وہ نہیں جانتی —— قیصر سوچ رہا تھا کہ لڑکیوں

کے قدم لینے میں جو ذلت وہ سمجھا کرتا تھا ذلت کا وہی احساس تو اصل زندگی ہے۔

سیا ہی اَن گنت بار ٹریفک کے اشارے بدل چکا تھا لیکن وہ اپنی اپنی کار کی چابیاں ہاتھ میں لیے وہیں کھڑے تھے۔

قیصر نے کنکھیوں سے پیا کی جانب دیکھ کر سوچا کہ شکل تو اس لڑکی کی بڑی معمولی ہے نفر یدِ مگ کی وجہ سے جلد بھی خراب ہو چکی ہے۔ پھر میں یہاں کیوں اس ظالم مظلوم نما کے حضور کھڑا ہوں ——— پیا سوچ رہی تھی کہ اگر ابھی کالج کی کوئی دوست آ گئی اور مجھے قیصر کا تعارف کرانا پڑا تو کیا بات سیف رہ سکے گی؟

ان دونوں نے اپنے اپنے راستے جانے کی کوشش کی۔ وہ ایک کار میں ایک سمت پر تو جا سکتے تھے لیکن بالکل مختلف سمتوں کا سفر ان کے لیے قابلِ قبول نہ تھا۔ پھر پتہ نہیں کونسی قوت تھی۔ کیسی ملا شبری تھی۔ ایک دوسرے کے قرب کی کیسی پیاس تھی جو ان دونوں کو ریسٹورنٹ کے اندر لے گئی۔

آمنے سامنے بیٹھ کر باتیں کرتے بڑا وقت گزر گیا۔ نہ ان دونوں میں سے کسی نے سامنے دھرے کوک کو ہاتھ لگایا نہ برگر کھایا اور روایتوں میں سے بچے پیسے کاؤنٹر پر ادا کر کے قیصر گھر آ گیا۔

کہتے ہیں۔ پہلے پہل سیلاب محض انگلی بھر سوراخ کرتا ہے پھر سیسہ پلائی دیوار بھی کام نہیں آتی۔ اگر کسی طرح یہ ملاقات ہی نہ ہوتی تو شاید کچھ بیچ بچاؤ ہو جاتا لیکن اب بھوسے میں تیل ڈال کر جلتی تیلی دکھائی جا چکی تھی۔ ملاقاتیں ہونے لگیں۔ قیصر پرائیویٹ طور پر اے سیول کا امتحان دے رہا تھا۔ پیا تھرڈ ایئر میں تھی۔ وہ اکیلا ٹیوشن پڑھنے جاتا تھا۔ پیا تنہا کالج کے لیے روانہ ہوتی تھی۔ کچھ لوگ شاید یہ سمجھیں کہ اگر وہ دونوں تنہا باہر نہ نکلتے تو شاید معاملہ کچھ اور رہتا۔ ان دونوں کو اگر ملنے ملانے نہ بھی دیا جاتا تو بھی دونوں طرف تراہ تراہ ہوتی رہتی۔

ماما بھی آخر ایک منصوبہ رکھتی تھی۔ اسے بھی اپنے واحد کر یکیے کو کسی اونچی منزل پر پہنچانا تھا۔ ایک لوز ٹیوشن پر جاتے ہوئے قیصر کو ماما نے پکڑ لیا۔

'ککو ٹھہرو ——"

'جی ماما ——'

'مجھے جو بتاؤ گے سچ بتانا ——"

'جی ماما ——'

'تم سید آصف علی کی بیٹی سے ملتے رہے ہو —— میری اجازت کے بغیر۔'

کسی نے قیصر پر ترپال ڈال کر اس پر رسی باندھ دی —— اس کا دم گھٹنے لگا۔

'تمہیں پتہ ہے ان کا سٹیٹس کیا ہے! —— تمہیں معلوم ہے تمہارے جیسے لڑکوں کو ان کا باپ چپراسی بھی نہ رکھے ——'

پہلی بار اس کے کانوں میں اپنی اسیری کی اصلی حالت کھلی ——

'ہمیں کیا اعتراض ہو سکتا ہے اگر وہ لوگ مان جائیں —— لیکن ان لوگوں کو منانے کے لیے کچھ ہونا چاہیے۔ بننا پڑے گا۔ تمہارا خیال ہے ایک اے پول کی تیاری کرنیوالے لڑکے سے وہ اپنی بیٹی بیاہ دیں گے! —— تم عام زندگی میں ایک بڑے افسر کے بیٹے ہو لیکن ککو! وہ لینڈ لارڈ ہیں —— کارخانے دار ہیں —— کس مصیبت میں پھنس گئے ہو تم توجہ سے پڑھائی کرو ——"

قیصر نے جواب دینا چاہا۔ کچھ اپنی صفائی میں کچھ ہما کی سچائی میں لیکن اس وقت ماما نے کونے میں پڑا ہوا ریکٹ اتنی زور سے صوفے کے بازو پر مارا کہ ریکٹ کے عین درمیان میں پٹاخے کی آواز آئی اور جالی والا حصہ لٹک گیا۔

'تمہیں کیا پتہ امیر زادیوں کے پاس تمہارے جیسے کھلونے بہت —— ماری تو میں جاؤں گی جس کا ایک ہی بیٹا ہے —— ماری تو میں جاؤں گی قیصر ——'

ماما سر کے بال نوچتی، حلق سے اونٹ جیسی آوازیں نکالتی سیڑھیاں چڑھ گئی۔
پہلی بار اس کی محبت کے شگوفے نے دنیا کی ہوا چکھی۔ اب تک وہ اندر کہیں کسی اندھیرے میں منی پلانٹ کی طرح پل رہا تھا۔ اب اسے سمجھ نہیں آ رہی تھی کہ پپا کو پانے تک لمبی مسافت کیسے طے ہوگی جبکہ پڑھائی کا سفر وہ طے ہی نہیں کر سکتا۔ وہ تو سارا دن پپا کے ناخنوں، اس کے ہاتھ کی لکیروں کو دیکھتا رہتا ہے۔ کان کی لو پر بیٹھے ہوئے ٹو پس اس کی نگاہ سے اوجھل نہیں ہوتے — ہنستے سمے سامنے والے دونوں دانتوں کے بیچ کے شگاف میں سے جو خوش دلی مسکراتی ہے وہی اس کے تعاقب میں صبح و شام رہتی تھی یہ نہیں کہ وہ ٹیوشن پڑھنے نہیں جاتا تھا۔ یہ نہیں کہ وہ پہروں دروازہ بند کر کے کتابیں کھولے حروف کی چیونٹیاں نہیں دیکھتا تھا۔ پر کچھ لوگ اندر ہی اندر عاشق ہوتے ہیں۔ کیفیتوں میں رہتے ہیں — دنیا کے اعتبار سے ناکام انسان ہوتے ہیں۔ جس روز ماما نے سکواش کا ریکٹ توڑ کر اپنے سر کے بال نوچے، اس دن کے بعد سے قیصر خوفزدہ ہو گیا۔ وہ پپا سے ملنے پر پڑھائی کو ترجیح دینے لگا۔ اس نے ٹیلی فون کی گھنٹی بھی سننے سے کئی بار دل میں انکار کیا — لیکن اندر اتنی چومکھی لڑائی لڑنے کے باوجود جو چیز اسے کاٹ رہی تھی وہ یہی تھی کہ آخر اس محبت میں جلنے، بھسم ہونے کا فائدہ؟ — وہ بھلا سید آصف علی کی بیٹی کو کیا دے سکتا ہے؟ — محبت کا منی پلانٹ دنیا کی دھوپ کب تک برداشت کر سکتا ہے؟ وہ عجیب مخمصے میں پھنسا رہتا — دل پر محبت کی بالادستی تھی۔ پڑھائی پر ماما کا راج چلتا تھا۔ باپ سے وہ یونہی پیار کرنے کا عادی نہ تھا۔ کبھی آٹھ آٹھ گھنٹے پڑھتا رہتا، کبھی تین تین دن کتاب کو ہاتھ نہ لگاتا۔ ہر بار نیا ٹائم ٹیبل بنتا۔ نئی قسمیں کھائی جاتیں لیکن پروگرام پہ عمل کرنا اس کے بس کی بات نہ تھی۔

ان ہی دنوں جب وہ اپنے بھانویں پپا نامی براؤن لڑکی کو بھلا چکا تھا، وہ اسے اچانک فان وڈیو شاپ میں مل گئی۔ پپا کاؤنٹر پر کھڑی کہنی رکھے، ہاتھ کے پیالے میں چہرہ

جائے، ایک پاؤں فرش پر جاکر دوسرا پیر پنجے پر اٹھائے کھڑی تھی جب قیصر کچھ فلمیں واپس کرنے وڈیو شاپ میں داخل ہوا۔

"ہائے تم اپنے آپ کو سمجھتے کیا ہو! — " پیا نے سارے ابرو چڑھا کر پوچھا۔

"میں —؟ کچھ نہیں —"

"میں تمہارے جیسے لڑکے کے منہ پر تھوکتی بھی نہیں —"

اس کے بعد قیصر اسے کہنی سے پکڑ کر گھسیٹتا ہوا دکان کے باہر لے گیا۔ وہ دونوں پیا کی کار کے پاس پہنچے۔ پیا نے کئی بار کار سٹارٹ کی لیکن قیصر نے کار میں سے اترنے سے انکار کر دیا۔ قیصر نے بہت منتیں کر کے پیا کو منانے کی کوشش کی لیکن پیا نے مَن جانے پر آمادگی ظاہر نہ کی — جب دونوں طرف سے بہت گرمی سردی ہو گئی تو آخر پیا نے کہا:

"چلو گھر چلو — ایک بار یہ ٹنٹا بھی ختم ہو کسی طرح تم شکل دکھا آؤ باقی سب میں سنبھال لوں گی —"

قیصر کے غبارے میں سے ساری گیس نکل گئی۔ وہ کار میں سے نکل کر ڈرائیور والے دروازے کی طرف آ گیا اور دونوں ہاتھ پیا کے کندھوں پر رکھ کر بولا:

"نہیں پیا — میں تمہارے گھر نہیں آسکتا — سوری!"

"کیوں —؟"

"ماما میرے ابو بہت بڑے سرکاری افسر ہیں — لیکن ہمارے پاس کچھ نہیں ہے۔ بنگلہ سرکاری ہے۔ کار سرکاری ہے — اور میں ابھی اے لیول کا امتحان بھی نہیں دے پایا —"

"میں انتظار کر لوں گی قیصر —"

"کتنا انتظار — کتنے سال — کب تک! —"

"جب تک تم کہو —"

پیا کے ہونٹوں پر آنسوؤں کی آمد کے آثار تھے۔

"میری ماں مجھے کچھ بنانا چاہتی ہے ___ میں کچھ بن نہیں سکتا پیا ___"

"چلو میں گزارہ کرلوں گی ککو ___"

"گزارہ کرنا اتنا آسان بھی نہیں ہوتا پیا ___ اور پھر میں کیوں تمہیں وہ تکلیفیں دوں جن کا ابھی تمہیں ٹھیک سے علم بھی نہیں ہے؟"

"اور کچھ نہ ہوا ککو تو ہم زمینوں پر چلے جائیں گے ککو ___ میری زمین ہم دونوں کے لیے کافی ہے ___"

"نہیں پیا ___ میں امی کے سوا کسی سے پاکٹ منی نہیں لے سکتا ___"

"تمہیں معلوم ہے کہ امی میری شادی کردیں گی! ___ تم میرے ساتھ چلو ___ باقی میں سنبھال لوں گی قیصر ___ سب میری زبان سے ڈرتے ہیں ___ تم چلو تو سہی ___ سب جانتے ہیں جو میں چاہتی ہوں کر کے رہتی ہوں ___"

"نہیں ___"

"او جانے دو ___ مجھے پہلے ہی پتہ تھا ___ میرا دل کہتا تھا تم میرے ساتھ فلرٹ کر رہے ہو ___ مجھے پتہ تھا ___ جانتی تھی میں ___ کئی لڑکیوں کے ساتھ تمہارے افیئر ہوں گے ___ اپنی بلٹ میں ایک اور چھید ڈال لینا قیصر ___ ایک اور ہول ___"

بجلی کے کھمبے کا بلب فیوز ہو گیا اور وہ اپنی جگہ سے ہل نہ سکا ___ پیا کے چہرے پر پتہ نہیں کب کے رُکے ہوئے آنسو بہنے لگے۔ اس نے دھکے سے گاڑی کو سٹارٹ کیا اور موڑ کاٹ گئی۔ پڑھنے کا جو تازہ تازہ عہد اس نے کیا تھا وہ اسی کار کے ساتھ روانہ ہو گیا۔

ہسپتال کی سیڑھیاں چڑھتے وقت قیصر کو علم نہ تھا کہ اتنی بڑی بات بھی ہو سکتی ہے۔ وہ سمجھتا تھا کہ پیا کے گھر والوں نے اسے ڈرانے دھمکانے، نوٹس دینے کے لیے ہسپتال

میں طلب کیا ہے ۔ بھلا پپّا جس کے درمیانی دو دانتوں کے بیچ خوش دلی رہتی تھی یوں اپنی جان لے سکتی ہے ؟

لیکن جس وقت وہ پرائیویٹ کمرے میں داخل ہوا ، کمرے میں دبی دبی سسکیوں کا شور تھا، نہ جانے پلنگ کے ارد گرد کون عورتیں تھیں لیکن جس لڑکی کو وہ جانتا تھا اس کے چہرے پر چادر تنی اور پائنتی کمبل سے ایک پاؤں باہر تھا جس پر تنا گنگ پنک ٹانگز تھی۔

قیصر نے دونوں ہاتھوں میں اس پاؤں کو پکڑ لیا۔ سلیپنگ پلز نے اس جاندار پاؤں کو بھی ابدی نیند سُلا دیا تھا۔ پتہ نہیں کب سے قیصر کی بنیاد میں پانی گر رہا تھا۔ بظاہر تو وہ تنو مند درخت تھا لیکن اندر سے مٹی پولی ہو چکی تھی۔ اسے ڈر تھا کہ کہیں سب کے سامنے وہ تیورا کر نہ گرے۔

سرکاری گاڑی کی ونڈ سکرین پر خزاں دیدہ پتے گر رہے تھے۔ کہیں سے برسن ہار بادل آسمان پر اکٹھے ہو گئے تھے اور اکا دکا بوندیں بھی شیشے پر پڑنے لگی تھیں۔

قیصر سوچ رہا تھا کہ میں جو اپنی ماں کا کرتکیہ ہوں'اس واقعے کے بعد میں اس ماں کے لیے کیا کر سکوں گا ؟ جبکہ میں پپّا کے لیے اس کے گھر تک نہ جا سکا۔

ونڈ سکرین اس کے آنسوؤں سے دھندلا رہی تھی۔ انگریزی زبان اور MANNERS نے اس میں ایک لاچاری پیدا کر دی تھی۔ ماما کی جھڑکیاں سہہ سہہ کر وہ بزدل ہو چکا تھا ــــ پرائیویٹ کلینک سے بڑی دور آ کر اس نے گلو بکس کے اوپر دھرے ہوئے اپنے باپ کے سگریٹ کیس کو کھولا۔ پہلا سگریٹ سلگایا اور سوچا ــــ بھلا میں پپّا کے لیے کر بھی کیا سکتا ہوں جبکہ میں تو اتنا بھی نہیں جانتا کہ پپّا کا اصلی نام کیا ہے ؟

ہوتے ہواتے

ہوتے ہواتے، گرجتے گرجاتے، کھڑکتے کھڑکاتے، رنگتے رنگاتے، گھرتے گھراتے مرتے مارتے عمر گیرو کپڑے پہننے کی آگئی۔ بائیں آنکھ میں موتیا اترنے لگا تھا۔ سوغات کے طور پر کوئی کوئی بال سیاہ رہ گیا تھا۔ چھ فٹ ایک انچ لمبا ملک آصف جب قدآدم آئینوں کے سامنے سے گزرتا تو اسے احساس ہوتا کہ جسم میں نسری ہوئی فصلوں جیسی لچک نہیں رہی۔ اب اس کے وجود سے شوکت کا لفظ چسپاں نہیں ہوتا تھا۔ وہ فراری ملزموں کی طرح لمبے برآمدے میں سے گزر جاتا جس میں اس کے دادا کے وقتوں کے قدآدم آئینے ترتیب وار لگے تھے۔ ملک آصف نے جب اس صید گاہ میں آنکھ کھولی تو ساری زندگی کو ہی ٹھٹھا مذاق سمجھا — آج بھی اتنی عمر گزر جانے کے بعد وہ اندر سے بالکل کاکا ساتھا جو پاؤں پر پاؤں دھرے راکنگ چیئر میں دھنسے اپنے باپ کو دیکھ رہا تھا۔ قلا بازیوں کی عمر بیت چکی تھی لیکن اندر اب بھی وہ سمر سالٹ کھاتا رہتا بلکہ اس آخری سمر سالٹ نے تو اس کے سارے جسم کے پٹھے ہی چڑھا دیئے تھے۔

یہ پچھلے تیس سال اس کے اور ملکانی آمنہ کے درمیان کیا تھا؟

محبت؟ سمجھوتہ؟ مصلحت؟ جھوٹ؟ رواداری؟ دھرما دھرمی؟ کام چلاؤ؟ بارہ کینال کی ٹھاٹھ دار حویلی نما کوٹھی میں آم کے درختوں میں چھپی کوئل کوک رہی

تھی۔ فضا میں اجڑی سی پیلی روشنی تھی۔ چند شہد کی مکھیاں کھلے برآمدے میں آ جا رہی تھیں۔ صبح سے ریڈیو پر سورج گرہن کی خبر آ رہی تھی۔ ملک آصف کی بوڑھی ماں برآمدے میں منہ کھولے، ہاتھ میں تسبیح پکڑے، ریڈیو لگائے کرسی پر بیٹھی سو رہی تھی۔ وہ اِدھر اُدھر یونہی کرسیوں پر بیٹھ کر سونے کی عادی تھی۔ جب ملک آصف کی بہو برآمدے سے گزرتی اور اس کی ٹکٹکاتی ہیل کا شور ہوتا تو بڑی ملکانی تڑپ جاتی اور مرچنگ سی آواز میں کہتی ـــــ "اے پارو بہو سورج گرہن سے بچنا۔ چلتے رہنا ـــــ سورج گرہن بھاری چیز ہے ـــــ قینچی سوئی کو ہاتھ نہ لگانا ـــــ جانے بچے کے کس انگ پر نشان پڑ جائے ـــــ"

اپنے کمرے میں حنوط چیتے کے سر پر پاؤں رکھ کر ملک آصف بندوق صاف کر رہا تھا۔ جب بھی پارو یا ملکانی آمنہ برآمدے میں آتیں، وہ بندوق صاف کرنا بند کر دیتا ـــــ یوں لگتا جیسے اس نے پہلی بار کسی عورت کو دیکھا تھا۔ بلکہ اس نے تو شاید پہلی بار اپنی کوٹھی کو دیکھا، برآمدے میں بیٹھی ماں، ہوا سے جھولتے کمروں کے ماڈرن پردے، لان کا کچھ سوکھا حصہ، ٹکڑیوں میں لگے ان ڈور پلانٹ، پورچ میں اترنے والی سیڑھیوں پر دھرے سنگِ مرمر کے گملے اور ان گنت چیزیں جو برآمدے میں نئے کے ساتھ پرانی وجاہت کو ظاہر کر رہی تھیں یہ عکس وقت کی کینوس پر ٹھہرے ہوئے لمحے کی طرح اسے نظر آیا۔

سمر سالٹ کھا چکنے کے بعد وہ حساب کرنے پر مجبور ہو گیا تھا۔ ایک حساب کتاب ایسا بھی ہوتا ہے جس کے نفع نقصان کی کانوں کان کسی کو خبر نہیں ہوتی۔ جب بیلنس شیٹ تیار ہوتی ہے تو پتہ چلتا ہے کہ ساری عمر نام میرا گاؤں تیرا ہی رہا ـــــ ملکانی آمنہ کراڑے پر بنی ہوئی عمارت تھی۔ شک رہا کہ اب گری کہ گری لیکن لب دریا اس کی شان میں کبھی کمی نہ آئی۔

کئی فلمیں ری وائینڈ ہو کر اس کے اندر چل رہی تھیں۔

من موہنی صورتیں .... اسے لپ لپ کھانے والیاں .... قدموں سے لگی رہنے والی کٹیل عورتیں ... کھی کھی ہنس کر جی سائیں کہنے والی مٹیاریں — وہ ساری بھیٹر کیسے چھٹی؟ ان تمام صورتوں کے موٹف پر ایک چہرہ بار بار سوپر امپوز ہوتا تھا۔ لمبی گردن والی نک طوطی ملکانی آمنہ جس کے کانوں میں چار چار ہیرے کی بالیاں تھیں۔ ملک آصف نے ساری عمر آمنہ سے محبت نہ کی لیکن اس گندھے ہوئے آٹے کی بوری سے وہ کبھی آزاد بھی تو نہ ہو سکا۔ آج پہلی بار اسے احساس ہوا کہ اگر وہ قصوروار تھا تو محبت تو آمنہ نے بھی کبھی ملک آصف سے نہ کی تھی۔ آمنہ نے ملک آصف کے عشق میں سلیپنگ پلز ضرور کھائی تھیں۔ بڑے بڑے گھروں میں آنسوؤں کی چھتیں گرا کر لوگوں سے ہمدردی بٹوری تھی لیکن اسے محبت تو نہیں کہتے .....

اب ملک آصف کو پتہ چلا کہ محبت تو ملکانی آمنہ کو صرف اپنے بیٹے گل رُخ سے تھی۔ ایسی محبت جو نقص بین نہیں ہوتی ...... ستر پوش ہوتی ہے اپنی زندگی بسر نہیں کرتی۔ بلکہ محبوب کی مرضی سے کٹتی ہے .... جس میں محبت کا اشتہار بے آبروئی کی صورت میں نہیں لگتا — بس اخفا ہی اخفا، رُکا ہی رُکا، ستر پوشی ہی ستر پوشی۔ ملکانی آمنہ کو جیسی محبت گل رُخ سے تھی .... اس انڈے سینے والی محبت کو دیکھ کر ملک آصف دنگ رہ گیا .... اس کے اندر والے کاکے نے ایسی قلابازی لگائی کہ جسم کے سلے پٹھے چڑ چڑیے کے حنوط سر پہ دایاں پاؤں رکھے گھٹنے پر بندوق جمائے برآمدے میں بیٹھی اپنی ماں پر نظریں جمائے وہ سوچنے لگا:

کیا مرد، عورت اور بچہ ایک ازلی تثلیث ہے؟

کیا مرد، عورت سے محبت کرنے پر مجبور ہے؟ یہ کیسی گلا دبانے والی رغبت

ہے جس سے مرد کبھی آزاد ہی نہیں ہو سکتا؟ بھر گرمیوں چلنے والے جھکڑ جیسی محبت جو عورت کا تنبو بھی اکھاڑ دیتی ہے اور مرد کا پرچم بھی دھجیوں میں بکھر جاتا ہے۔ کیا عورت ازل سے صرف بچے کی ہے؟ کہیں بچہ ہی تو وہ پھل نہیں تھا جسے چکھنے کے بعد عورت بہشت سے نکلی۔ کیا مرد ایک وسیلہ تھا بچے تک پہنچنے کا.... خدا سے بچھڑنے کا... ہاں ملک نے آمنہ سے بڑی بے وفائیاں کی تھیں ـــ لیکن ملکانی گل رُخ سے نہ وفا مانگتی تھی نہ بے وفائی۔ اس ٹھاکر دوارے جس طرح ملکانی نے سیس نوائے، وہ جان ہارا منظر ہی کچھ اور تھا۔

بچپن سے ملک آصف نے چاندی کا چمچ منہ میں لے کر زندگی بسر کی۔ جب وہ ایک پاؤں پر دوسرا پاؤں دھرے راکنگ چیئر میں دھنسے اپنے باپ کی شکل دیکھا کرتا۔ شاید تب بھی اس کی سائیکی کو معلوم تھا کہ کمروں میں ٹنگے ہوئے شیروں، بارہ سنگھوں، بنگال ٹائیگروں کے دھڑوں کی طرح وہ بھی بڑی بے مصرف زندگی گزارے گا۔ عورت، شراب اور بندوق سے دل بہلانے کے علاوہ اِسے اُس عطر کے پھوئیے جتنا بھی کام نہ تھا جس کی خوشبو کے پیچھے وہ لپکتا چلا جاتا، جس کی لگن میں وہ زندگی بسر کرتا۔ اس کے گاؤں کے غریب مزارعوں کا المیہ تھا کہ وہ ستم رسیدہ تھے۔ ان کا حاصل کم اور خواہش زیادہ تھی۔ آصف ایسے ماحول میں پلا تھا جس میں حاصل خواہش سے کہیں زیادہ تھا۔ اس نے ظلم، احساس کمتری، تنہائی، نقصان کی کوئی بھی معکوس مثبت شکل نہ دیکھی تھی، اس لئے وہ جد وجہد سے ناآشنا ہی رہا۔ اس کی زندگی میں کوئی مشن، تحریک، محبت، واقعہ، خیال ایسا رونما نہ ہوا جو اسے اپنی کوبرا جیسی انا سے آزاد کراتا ـــ اور اس طرح کچھ لمحوں کی فراغت ہوتی۔ کچھ عرصے کا سکون ملتا۔ آمنہ کی محبت لرزہ مانند چڑھی اور جھاگ آسا بیٹھ گئی ـــ نہ کوئی تبدیلی آئی نہ جہت مقرر ہوئی، نہ ہی بے مصرف زندگی میں

کوئی منزل مقرر ہوئی .... تیز ہوا میں اُڑنے والے ریت کے ڈھیر جیسے کبھی یہاں بیٹھ رہے کبھی وہاں۔

کل رات جب آمنہ ملکانی اس کے کمرے میں آئی تو پہلی بار ملک نے ایک پٹھان دیکھی۔

"ملک آصف تم نے پارو کے ابا سے قبولا کہ گل رُخ شراب پیتا ہے؟" ملکانی کی آنکھوں میں سے شعلے نکل رہے تھے۔

"ہاں تو کیا گل رُخ شراب نہیں پیتا؟ — میں نے کوئی جھوٹ کہا؟"

"پیتا ہے تو پیتا رہے لیکن اگر اس کا ذکر پھر تم نے کسی سے کیا — تو تم دیکھو گے آمنہ کیا کچھ کر سکتی ہے —"

ملک آصف کی آنکھیں چکی کے پاٹ ایسی کھلی رہ گئیں —

"تم سارے رشتہ داروں میں کہتے پھرتے ہو کہ گل رُخ آوارہ ہے — رنڈیوں کے پاس جاتا ہے۔ اس کی ایک داشتہ میو روڈ پر رہتی ہے — تم نے .... تم نے باپ ہو کر"

ملکانی کے کرتے کی گھنڈی گلے میں پھنسی ہوئی تھی اور الفاظ بڑے گھن گرج کے ساتھ اس کے منہ سے نکل رہے تھے۔ آصف نے آگے بڑھ کر ملکانی کے دونوں بازو پکڑ لئے۔ خمیر آٹے میں اس کی انگلیاں ہڈی تک چلی گئیں۔

"لیکن آمنہ میری ایک ایک بات تم نے .... تم نے سب کو بتائی۔ گھر گھر میرا چرچا کیا .... میری رسوائی، بدنامی کا باعث تم تھیں تم آمنہ۔ — کیا تم میرے عیب چھپا نہ سکتی تھیں؟ تمہارے سوا میرے گناہوں کو اور کون جانتا تھا؟"

"وہ اور بات تھی — ملک آصف!"

"وہ کیا بات تھی — ؟" ملک آصف نے آمنہ کے بازوؤں پر گرفت اور مضبوط

کر کے پوچھا۔

"وہ حسد تھا۔۔۔"

"اور یہ.... بیٹے کی باری.... تم اس کا ہر عیب چھپانا چاہتی ہو یہ کیا ہے"۔

"یہ محبت ہے.... اگر تم نے.... باپ ہو کر اس کی ستر پوشی نہ کی.... اس کے عیبوں کو اچھالا تو میں جیتے جی مر جاؤں گی.... گل رُخ شراب پئیے یا دھتورہ.... وہ رنڈیوں کے پاس جائے چاہے داشتائیں رکھے.... میرے لئے وہ بے عیب ہے بے عیب تم باپ ہو کر بھی نہیں سمجھتے پیارے کا عیب عیب نہیں ہوتا.... اپنی کمزوری کوئی اچھالتا پھرتا ہے۔۔۔ عجیب باپ ہو تم بھی۔۔۔"

"تو کیا میں تمہارا اپنا نہ تھا آمنہ؟۔۔۔ مجھے تم نے کیوں بدنام کیا؟"

گہری رات کے سناٹے میں ملک آصف نے ایک ہی کھونچا مار کر ملکانی کا گریبان گھیرے تک پھاڑ دیا۔

"تمہیں اپنے پرائے کی کیا تمیز ملک آصف؟ تم تو بیٹے کی گاڑی پر بھی فائر کر سکتے ہو..... اکٹھے چار فائر"

تو یہ محبت تھی جس کی تلاش میں برسوں وہ عورتوں سے گھوسم گھونسا ہوتا رہا تھا۔ یہ وہ جذبہ تھا جس کی تلاش میں اس نے کئی چہرے، کئی جلدیں، کئی ننگے جسم بیکار دیکھے تھے.... وہ اس جذبے کی تلاش میں ریت کی ڈھیری بنا کبھی یہاں سے وہاں.... اور کبھی وہاں سے اُٹھ کر جہاں کہاں اُڑتا رہا۔۔۔ رات سمر سالٹ کھا کر اس کے سارے پٹھے چڑھ گئے تھے اور پتہ نہیں رات کے کس پہر میں پھر بندوق اس کے ہاتھوں میں آ گئی تھی۔ ملک آصف کرائسس کے لمحوں میں صرف اسی بندوق کو دوست مانتا تھا....

ہوتے ہواتے، سنتے سناتے، ہنستے ہنساتے، روتے رُلاتے، بکتے بکاتے،

چھینٹے چھنا تے، چلتے چلاتے اتنا عرصہ گزر گیا کہ ملکانی آمنہ کے سارے گوشت میں خمیر لگ گیا، آنکھوں تلے کوے کے پیروں جیسی جھریاں پڑ گئیں اور تھل تھل جسم پر جا بجا لال کالے تل اور ماتھے پر بیر برابر گومڑا پڑ گیا جو دبانے پر بھی نہیں دکھتا تھا۔ آمنہ ملکانی نے رات والا کرتہ اُتار دیا تھا پر اب تک وہ اپنے حواس میں آئی نہ تھی۔ نہ جانے گل رُخ کہاں تھا۔ نہ جانے ملک آصف اب کیا کرنے والا تھا۔ بندوق اس کے ہاتھ سے چھوٹی تو نہ تھی۔

ملک آصف نے تو ساری عمر اُسے ایسے چھوا تھا جیسے مٹی کی ٹھوٹھی سے انگلی کے ساتھ فرنی چاٹتے ہیں۔ ایکا ایکی اتنا غصہ تو شاید نس پھٹ جانے کی دلیل تھی۔ ملکانی اپنے کمرے کے دیوان پر لیٹی سفید مخمل کے گاؤ تکیہ پر کمر اور بازو دھرے باہر برآمدے میں دیکھ رہی تھی ـــــ آخر ملک آصف کو ہو کیا گیا تھا؟ اکٹھے چار فائر؟ کیا باپ بیٹا ازل سے ایک دوسرے کے دشمن ہیں؟

سورج کو پوری طرح گرہن لگ چکا تھا۔ برسات کی دوپہر جیسی روشنی برآمدے میں پھیلی تھی۔ حویلی کے باغ میں مزارعے ڈھول پیٹ رہے تھے بہو پارو کا دروازہ کھلا تھا اور نائیلون جالی کے پردے ہوا میں لہراتے کھلے برآمدے تک آرہے تھے۔ ابھی تھوڑی دیر پہلے پارو بہو اپنے کمرے سے نکل کر برآمدے تک آئی تھی۔ اس کا پیٹ چادر کی اوٹ میں بڑا نمایاں تھا۔ پارو نے ہاتھ کی اوٹ کر کے آسمان کی جانب نظر کر کے سورج گرہن دیکھنے کی کوشش کی تھی۔ دل میں آمنہ نے سوچا آج ہی سورج کی روشنی کو بھی چاند کی بے نوری نے کھانا تھا۔ کہیں آج قیامت کا دن ہی نہ ہو اور ابھی تھوڑی دیر بعد ساری حویلی .... گاؤں میں جمع گندم کے ڈھیر .... بور پر آئے آموں کے درخت، ٹیوب ویل سے نکلتا پانی' مزارعوں کے گھر سب پھوئی پھوئی اُڑ جائیں .... اور کسی کو کسی کی خبر نہ رہے۔

لیکن ملکانی نے سوچا یہ کیسے ہو سکتا ہے کہ مجھے گل رُخ کی خبر نہ رہے؟ یہ کیسے ہو سکتا ہے کہ میں بھی جنونی یارو بہو کی طرح گل رُخ کو اُلٹا لٹکا دوں؟ اکٹھے چار فائر؟ نہ جانے کار کے اندر والے کا کیا حال ہو گا؟ ملکانی آمنہ کو تو یہ بھی معلوم نہ تھا کہ اب ایسے میں اُسے کیا کرنا چاہیے۔

برآمدے میں ملکانی کی ساس ملکانی نور افشاں کندھے سکوڑے ہاتھ میں تسبیح لئے ریڈیو لگائے بیٹھی تھی۔ بڑی ملکانی ہمیشہ اسی طرح منی پلانٹوں کے آس پاس ملک آصف کے کمرے کا رُخ کئے بیٹھی رہتی تھی۔ اپنے پلنگ پر سونے جاتی تو نیند اُچاٹ ہو جاتی۔ آصف کا کمرہ نظر آتا تو شانتی سے اونگھنے لگتی۔ لان کا کچھ حصہ گرمی میں سوکھ چکا تھا اور لوکاٹ کے پیڑوں پر کوئی کوئی لوکاٹ ایسا باقی تھا جس کے گرد شہد کی مکھیاں بھنبھنا رہی تھیں۔ ملکانی آمنہ اپنا اعمال نامہ گود میں لئے مخملیں گاؤ تکیئے سے ٹیک لگائے بیٹھی تھی۔

ایسا ہی مٹی رنگا دن تھا اسی طرح آم کے باغ میں ڈھول تاشے بج رہے تھے جب وہ بیاہ کر یہاں آئی۔ اس روز کہیں سے ٹڈی دل اُٹھ کر آیا تھا۔ سارے گاؤں والے ٹڈی دل کے پیچھے بھاگ رہے تھے! انار چھوٹنے پٹاخے چلنے کی آواز آتی تھی۔ آمنہ ملکانی کا دل اسی روز ڈوب گیا۔ جب بازو سے بندھے مولی کے دھاگے میں چاندی کے گوکھرو پر ایک ٹڈی آکر بیٹھ گئی اور مہری گیتو نے جب ٹڈی مارنی چاہی تو شگن کا ناریل دو حصے ہو کر پلنگ پر گرا۔ ملکانی نور افشاں جو وارنے کا دودھ لئے کھڑی تھی، مہری گیتو سمیت کمرے سے غائب ہو گئی۔

کیا واقعی مجھے ملک آصف سے محبت ہوئی؟ کہ وہ بھی انا ہی کا ایک مسئلہ تھا۔ اپنے عکس سے کون محبت نہیں کرتا؟ ملک کی آنکھوں میں ان دنوں میں ہی ... تھی.... تھی..... نہیں تھی..... تھی..... بہت تھی..... نہیں تھی.....

نہیں تھی نہیں تھی املتاس کے زرد خوشوں میں کوئل نے جیسے چڑانے کو کئی تانیں لگائیں لیکن جب دوسری عورتوں کے سانسوں سے آئینہ دھندلا جائے اور اپنا عکس نہ دکھائے تو کیا پھر بھی محبت رہتی ہے؟ مرد اور عورت میں یہ کیا چکر تھا؟ اپنی ذات کے عکس کا؟ اپنی ذات کی بقا کا؟ وہ سوچنے پر مجبور تھی کیونکہ ساتھ والے کمرے میں رات سے ملک آصف بندوق گھٹنے پر رکھے گم سم بیٹھا تھا جیسے کے سر پر پاؤں رکھ کر پاؤں گھٹنے پر رکھنا کسی قیامت کا پیش خیمہ ہو سکتا تھا؟

ملکانی آمنہ سوچ رہی تھی.... جلدی جلدی .... علیحدہ علیحدہ.. جوڑ جوڑ کر کیا مرد کو کبھی بچے سے محبت ہوتی ہے؟ کیا بچہ ہمیشہ عورت کا ہوتا ہے؟ سوائے وارث سمجھنے کے ملک آصف نے گل رخ کو کیا سمجھا؟ رات کے واقعے کے بعد اب وہ اور کیا سمجھے؟ اس بات کا احساس بھی اسے جلدی نہ ہوا۔

ملکانی آمنہ کی شادی معمولی واقعہ نہ تھا۔ ہنگاموں، سمجھوتوں، لڑائیوں کے ان گنت سلسلوں کے بعد دو اونچے فردوس مکانی قسم کے گھرانوں میں یہ رشتہ طے پایا تھا۔ سال بھر تو محبت کا جھکڑ خوب چلا دونوں کو ایک دوسرے کے پل پل کی خبر رہتی پھر کہیں سے گل رخ آگیا.... تب آمنہ کو علم نہ تھا کہ ایک تیسرے کے آتے ہی ملک آصف کی جنت ڈھے گئی ہوگی۔

وہ لاپرواہ ہونے لگا۔ اس کے جو کام کر دیئے جاتے ان کی اسے پرواہ نہ ہوتی لیکن جو کام نہ ہو سکتا اس کی شکایت سب کے سامنے ہوتی۔ وہ اپنے خاندان کا ملکانی کے خاندان سے مقابلہ کرنے لگا تھا۔ دونوں کی پسند ناپسند ایک دوسرے کے سامنے ڈھال بن کر آنے لگی۔ عادتوں کا فرق جی کو کھلنے لگا....

تب ملکانی کو علم نہ ہو سکا کہ ملک آصف کسی دوسرے کو برداشت کرنے والا آدمی نہیں.... کبھی کبھی وہ سوچتی کہ اگر اس نے گل رخ کو اٹھایا ہو تو ملک آصف

اُلٹے پاؤں برآمدے میں کیوں چلا جاتا ہے؟ کیا مرد اپنی اولاد سے کبھی محبت نہیں کرتا؟

ان ہی دنوں ملک آصف رات گئے کاموں آرائین کی شہتوت رنگی لڑکی بغل میں داب اس کے کمرے میں داخل ہوا۔ ملکانی کے لئے یہ منظر نیا نہ تھا۔ اس کے اپنے گھر میں ایسے بہت سے واقعات ہو چکے تھے۔ لیکن پتہ نہیں کیوں عشق جو لرزے کی طرح چڑھا تھا بہت سارے پسینے کے ساتھ اُتر گیا۔ اس کی محبت ساری کی ساری دوپٹہ کی طرح اُتر کر انا کی کھونٹی پر لٹک گئی۔ دوسری صبح ملک آصف کے پہلو میں نہ بوتل تھی نہ شہتوت رنگی لڑکی، وہ سر سے پاؤں تک انفعال تھا۔

"سنو آمنہ .... حویلی میں کسی کو علم نہیں کہ میں ..... میں شراب پیتا ہوں۔ بڑی ملکانی کو علم ہوا تو وہ صدمے سے مر جائیں گی — تم .... اگر چپ رہیں تو .... پھر ایسا واقعہ نہ ہوگا —"

لیکن ملکانی آمنہ کو غم و غصے سے سانس نہیں آ رہا تھا۔ وہ ادھڑی چارپائی کی طرح ایک ہی رات میں خالی ہو گئی تھی۔ پھر اُس نے اپنی ماں کے گھر فون کیا۔ بہنوں کو واقعے کی ساری تفصیلیں بتائیں۔ گھر کی اصیلیں مہریاں اکٹھی کر کے کاموں ارائین کے دیہے پیٹے۔ شہتوت رنگی کو بلا کر شہتوت ہی کی لچک دار چھڑی سے پیٹا — گلے سے لپٹنے والے گل رُخ کو چارپائی پر پھینک کر اُونچے اُونچے بین کئے۔

آمنہ جلی .... بھنی .... مروڑے کھاتی .... کھے اُڑاتی حویلی کے اندر باہر کھلتری رہی۔

ایک روز ایسی ہی روشنی تھی — بارش آنے والی تھی اور لوکاٹ کے جھنڈ

میں رہ رہ کر کوئل کوکتی تھی۔ دوپہر کو شام کا سایہ ہو گیا تھا۔ سارے میں آم کے بور کی خوشبو تھی۔ ملکانی نور افشاں اس کے کمرے میں آئی تھی۔ بڑی پتلی جلد والی نک طوطی بڑی ملکانی جس کی ٹھوڑی دوھری، دھن مضبوط اور گردن میں لوہا گڑا تھا۔ بڑی ملکانی کے پاس ہیرے کے زیورات، پشمینے کے شالیں، کٹ گلاس کے ظروف، شکار گاہی کے قالین، یخ دانوں میں بھری بنارسی ساڑھیاں، بروکیڈ کمخواب کے غرارے، اخروٹ کی لکڑی میں ہاتھی دانت جڑا فرنیچر، کوفی حروف میں لکھے قرآن کریم، کئی پشت پرانی مرصع تلواریں، ایسٹ انڈیا کمپنی کی جنگ آزادی سے پہلے کی توڑے دار بندوقیں، ٹیپو سلطان کے عہد کے فرغل .... اور ان کے علاوہ ان گنت نوادرات اور عجائبات تھے لیکن اس وقت وہ بالکل ننگی بچی عاجز نظر آتی تھی۔

ملکانی نور افشاں نے اپنے لرزتے وجود کو استقامت دینے کے لئے مہاگنی کے پلنگ کا پایہ پکڑا مقیش لگے سیاہ دوپٹے سے چہرہ پونچھا اور بولیں۔ "آمنہ میں بھی برسوں سے جانتی ہوں کہ آصف شراب پیتا ہے۔ لیکن میں نے کسی پر ظاہر نہیں کیا۔ اس لئے بات نہیں پھیلی .... اگر تم ملک آصف کو بدنام کرو گی تو ....؟"

"جی تو کیا؟" اپنی قمیض پر گل رُخ کے نیپی کا سیفٹی پن لگاتے ہوئے آمنہ بولی۔

"چلو تمہیں آصف پر ترس نہیں آتا نہ سہی .... آنا بھی نہیں چاہیئے۔ کسی زخمی عورت کو آج تک کسی مرد پر ترس نہیں آیا؟ پر عزت کوئی ایک پشت کا کھیل نہیں۔ عزت تو بنی رہنے دو اس کی۔"

"آپ خوب جانتی ہیں ایسی باتوں سے ملک آصف کی عزت کم نہ ہو گی۔"

آمنہ عرائی ملکانی نورافشاں نے کبھی کسی سے کچھ نہ مانگا تھا۔ بھیک مانگی نہ ملی تو وہ چپ چاپ باہر جانے لگی پھر لوٹ کر گل رُخ کے پنگھوڑے کے پاس آئی اور جیسے اپنے آپ سے بولی۔ ” جب گل رُخ جوان ہوگا آمنہ بہو تب تم کو میری بات سمجھ آئے گی لیکن تب وقت گزر چکا ہوگا.... ایسے ہی ہوتا ہے ہمیشہ ایسے ہی ہوتا ہے۔“

اگر ملکانی آمنہ چپ رہتی تو ہوسکتا ہے ملک آصف تائب ہوجاتا۔ ہوسکتا ہے پھر بھی وہ اندھیرے سویرے اندر ہی اندر اس کی بانہہ مروڑتا رہتا۔ انسان کے متعلق وثوق سے کچھ نہیں کہا جاسکتا۔ لیکن جب آہستہ آہستہ.... بہت آہستہ آہستہ ملکانی آمنہ نے دوسری عورتوں اور شراب کو قبول کرلیا تو اسے ملک آصف پر کچھ اتنا غصہ بھی نہ رہا۔ اب وہ بیساکھی پر چلنے لگی ___ کبھی ملک آصف کی بیساکھی، کبھی گل رُخ کی لیکن پھر کبھی ملک آصف اس کی زندگی کا مرکز نہ بن سکا ___ مرکز میں صرف گل رُخ تھا.... آہستہ آہستہ قد نکالتا.... گورا چٹا.... مضبوط کاٹھی کا نک طوطا۔

باہر سورج گرہن کی پیلی سیاہی مائل روشنی پھیلی تھی۔ اس کی ساس نورافشاں منی پلانٹ کے جھرمٹ کے پاس ملک آصف کے کمرے کی طرف رُخ کئے ریڈیو لگائے گھٹنے پر ہاتھ میں تسبیح پکڑے اونگھ رہی تھی۔ ابھی کچھ دیر پہلے پارو بہو اپنے گول مٹول پیٹ پر دوپٹہ تانے سیڑھیوں تک آئی تھی۔ اس نے چہرے پر سیاہ چشمہ لگا رکھا تھا۔ خوش اعتمادی، سچائی اور دولت نے اس کی چال میں نمائش پیدا کر رکھی تھی۔

پارو بہو کو کھڑکی سے دیکھ کر آمنہ ملکانی نے سوچا آخر پارو بہو اور ملک آصف کی محبت ایک سی کیوں ہے؟ میں گل رُخ کے سارے عیب چھپاتی ہوں، یہ دونوں سب کے سامنے ان خرابیوں کو دھجی دھجی بکھیرتے ہیں۔ میں محبت کے

ساتھ اس کی تربیت کرتی آئی ہوں، یہ دونوں اسے عبرت دلانا چاہتے ہیں۔ سبق سکھائے بغیر نہیں رہ سکتے۔ محبت کا تو علم ہی اسے اب ہوا جب گل رخ کالی ہر سندمیز میں اچانک حویلی چھوڑ کر بھاگ گیا۔ اپنا دل ٹٹولنے پر اسے پتہ چل چکا تھا کہ اس کی ساری کائنات، جذبے، فلاح، نوشی کا نام صرف گل رُخ ہے لیکن ملک آصف کے لئے گل رُخ کون تھا؟

چار فائر کرنے کے بعد بھی وہ چیتے کے سر پہ پاؤں اور گھٹنے پر بندوق رکھے کس کا منتظر تھا؟

اپنی دولت پر پلنے والے پیراسائیٹ کا؟
بے شمار جائیداد برباد کرنے والے وارث کا؟
ملکانی آمنہ کا؟ یا بہو پارو کا....؟

ملک آصف کو بیٹا تو درکار ہی نہیں تھا۔ فیوڈل سسٹم وارث پر فخر کرتا ہے۔ جب نیلی پگڑی پہن کر گل رُخ ایچی سن کالج جاتا تو ملک آصف کے چہرے پر اسے دیکھ کر تیوری ابھرتی۔ وہ اس لونے کو اپنی ساری جائیداد تو دے سکتا تھا۔ لیکن اپنے چوبیس گھنٹوں میں سے ایک سلائیس کاٹ کر بھی نہیں دے سکتا تھا۔

پچھلی رات حویلی میں دیواریں دروازے جڑ سے اکھاڑنے والا جھکڑ چلا۔ بہو پارو کے کمرے میں سے جو اجنبی بھاگا تھا، اس کے پیٹنٹ لیدر کا ایک جوتا بہو پارو کے کمرے میں ہی رہ گیا۔ گل رخ نے شراب میں وحشت اتنے اونچے اونچے گا بھن پارو کو گالیاں دیں کہ ملکانی اور ملک بھی ان کے کمرے میں لڑھکتے آگئے۔

ملکانی آمنہ کے جسم میں آگ چل پھر رہی تھی۔ ملک آصف پکی برجی جیسا بغیر پلکیں جھپکائے دروازے میں کھڑا تھا۔

"تم نے پارو بہو سارے میں ملک گل رخ کو بدنام کیا میں چپ رہی.... اور اب اتنی بدنامی کے بعد... اب...." قالین پر پڑے پیٹنٹ لیدر کے جوتے کو ٹھوکر مار کر ملکانی آمنہ بولی۔

"تم چپ کرو آمنہ ہر عورت بیٹے کا راز چھپاتی اور شوہر کے نقص بیان کرتی ہے..... پارو بہو بھی اپنے بیٹے سے محبت کرے گی.... ہمیں بھی بس اتنا چاہیے — ایک پوتا.... گل رخ کا وارث.... یہ جوتا بے معنی ہے.... عورت صرف بیٹے سے پیار کرتی ہے۔گل رُخ اس واقعے کو بھول جاؤ.... تمہارا پارو بہو سے صرف بیٹے تک کا رشتہ ہے۔" گل رُخ کا توازن بگڑا وہ ڈریسنگ ٹیبل سے جھولتا پلنگ تک اور پھر ڈولتا لڑھکتا صوفے کی طرف چلا۔

"میں اُسے طلاق دے دوں گا.... ابھی اس وقت"

"میں تمہیں شوٹ کر دوں گا گل رُخ — ہمارے خاندان میں آج تک کسی مرد نے اپنی بیوی کو طلاق نہیں دی۔ میں.... یہ برداشت نہیں کر سکتا۔ نہیں کر سکتا—" جب ملک آصف بندوق لینے کے لیے لوٹا، تین طلاقیں پوری ہو چکی تھیں تب ملکانی نے ملک آصف کی سیاہ مرسڈیز کی چابی بیٹے کو تھمائی اور اسے فرنٹ سیٹ پر دھکیل کر بولی:

"چلا جا.... تیرا باپ جو کہتا ہے وہی کرتا ہے.... چلا جا وہ بندوق لینے گیا ہے۔" جب ملکانی آمنہ کے کانوں نے جاتی کار پر اکٹھے چار فائیروں کی آواز سُنی تو وہ کوکتی ہوئی ملک آصف کے کمرے میں داخل ہوئی۔

"غضب سائیں کا ملک آصف — کیا ماں اپنے بیٹے پر فائر کر سکتی ہے — ؟ تمہیں ہو کیا گیا ہے ؟ کیا طلاقیں نہیں ہوتیں کوئی بیٹے پر فائر کرتا ہے — وہ بھی اکٹھے چار فائر ؟"

ہوتے ہواتے، کھیلتے کھلاتے، پڑھتے پڑھاتے، سجتے سجاتے، خرچتے خرچاتے گل رُخ جوانی میں ہی گنجا موٹا اور اپنے دادا کی طرح جوڑوں کے مرض کا شکار ہو گیا۔ چالیس مربع کی آمدنی پر پلنے بھرنے، رعب جمانے والے اس کے آباؤ اجداد نے اس کے لہو میں ہمیشہ دھما چوکڑی مچائے رکھی حتیٰ کہ اس نے کالج میں ہی ایم اے کے آخری سال میں پارو سے بیاہ رچا لیا۔

پارو انگریزی ایم اے میں گل رُخ کی ہم جماعت تھی۔ وہ حساب جوڑنے، امکانات پر دھیان کرنے، نقصانات پر چڑنے اور فائدے پر خوش ہونے والی لڑکی تھی ــــ اس کا بزنس میں آبا فیوڈل داماد کی چربیلی کاٹھی، مرنجان مرنج طبیعت اور نقصان پر نہ تلملانے والی سرشت سے خائف تھا لیکن پارو ضدّی، ہٹیل، کٹیل لڑکی تھی۔ وہ کب باپ کی مانتی تھی ــــ آکسفورڈ سٹریٹ لندن سے خریدے ہوئے کپڑوں میں رنگ بدلتا گل رُخ بزنس مین گھرانے کے لئے ایک نیا کھلونا تھا۔

لیکن خود گل رُخ کے لئے سب تجربے، واقعات، مشغلے بیکار تھے جیسے اندھے لوگ پر اُمید بنے رہنے پر بھی بے آس ہوتے ہیں: ایسے ہی گل رُخ پیدائشی طور پر جبلی تھا۔ خواہشات پوری ہو ہو کر اس پر گرتیں۔ وہ اپنی زندگی کا مصرف جاننا چاہتا تھا؟ لیکن مصرف اس کے اختیار میں نہ تھے۔ وہ دنیا حاصل کرنے کیلئے جدوجہد اس لئے نہ کر سکتا تھا کہ پشت ہا پشت سے کمائی ہوئی دنیا کے انبار اس کے ارد گرد تھے! اس نے شروع بلوغت میں امپوزڈ پاورٹی کا سہارا لینا چاہا۔ وہ پرانے لنڈے کے کپڑے، پھٹی جوتیاں، سادہ کھانا، فرشی استر استعمال کرتا، بھر گرمیوں میں گرم پانی پیتا رہا لیکن اس غریبی کے تصور میں سچائی نہ تھی اس لئے بہت جلد وہ وراثت میں ملی ہوئی بے معنی علتوں میں پھنس گیا۔

اپنے باپ دادا کی طرح وہ بھی دل کا اچھا تھا لیکن برائیاں، غلط کاریاں اس کے طریقِ زندگی کا لازمی جزو تھیں ـــــ

اپنی زندگی کے لئے جب وہ کوئی منزل، مشن، تحریک، جدوجہد تلاش نہ کر سکا تو بانجھ خوابوں کے حوالے سے زندہ رہنا اس کا طریقہ بن گیا۔۔۔ اب ان خوابوں میں وہ بھبھوت ملے فقیر سے لے کر نوبل پرائیز لینے والے سائنس دان کی مکمل زندگی بسر کرتا۔ اونچے اونچے عزائم کے ساتھ ساتھ کم عملی کی آسودہ زندگی نے اسے نڈھال کر دیا۔ کچھ تو آسودگی، کاہلی کسلمندی نے اسے ڈبو دیا کچھ بلا مقصد جدوجہد اور اندھے جذبوں نے اس کی تلوار توڑ دی۔ اسی لئے جب اسے اپنی کنپٹی پر بندوق کے فائر کی پہلی پہلی آواز محسوس ہوئی اس نے گھبرا کر پارو سے شادی کر لی ـــــ

لیکن عورت، شراب اور بندوق جو آج تک اس کے خاندان کے نروسس کو کم کرتی رہی تھیں اس کے لئے بیکار تھیں۔ یہ نہیں کہ وہ ان تینوں کا سہارا نہیں لیتا تھا لیکن پشت ہا پشت کی رنگیلی زندگی نے اس کے دماغ کو ماؤف کر دیا تھا۔ وہ پہروں اپنی خاندانی ڈرائنگ چیمبر میں بیٹھ کر ڈرتا رہتا۔ برآمدے میں اس کی دادی بڑی ملکانی کا آدھ کھلا منہ اور اونگھتا چہرہ اسے نظر آتا۔ وہ سوچتا مجھ میں اور دادی ملکانی میں صرف سالوں کا فرق ہے ـــ یہ بھی بے مصرف ہے اور میں بھی زندہ رہنے کے لئے کوئی جواز پیش نہیں کر سکتا ـــ پھر جب گاہے گاہے پارو نے اسے نامرد مشہور کرنا شروع کر دیا تو پہلی بار اس نے اپنے ارد گرد دیکھا... وہ نہ پارو کی پھیلائی ہوئی بدنامی میں دلچسپی رکھتا تھا نہ ہی اس کے نزدیک پارو کی کوئی اہمیت تھی۔ لیکن اسے نظر آنے لگا کہ اب جب پارو لیٹتی ہے تو اس کا پیٹ پسلیوں سے اوپر سانس لیتا نظر آتا ہے۔ پھر ایسے

میں اگر بچے کا باپ میں نہیں تو اور کون ہے؟

ایسے ہی ارب کھرب وسوسوں نے اُسے زندہ کر دیا اور وہ بلا اطلاع اچانک سرپرائیز وزٹ کے لئے حویلی آنے لگا۔ پچھلی رات جب وہ گھر لوٹا تو دروازہ پر اس نے تین بار دستک دی جب دروازہ کھلا اور ایک نوجوان اس کے پاس سے گزرا تو گل رُخ شراب کے نشے میں لڑکھڑا رہا تھا۔ اگر وہ ہوش میں ہوتا تو ایک جوتا پہنے سانولے نوجوان کو وہ پہلی نظر میں پہچان لیتا — لیکن وہ جب سے پیدا ہوا کچھ بھی دیکھنے سمجھنے جاننے کا عادی نہ تھا۔ کمرے میں داخل ہو کر اُس نے قالین پر پڑے پیٹنٹ لیدر کے جوتے کو اونچی کک لگائی اور چلایا— "نکل جاؤ میرے گھر سے فاحشہ عورت .... آج میں نے اپنی آنکھ سے دیکھ لیا ہے۔"

وہ اس زور سے دھاڑا کہ ملکانی آمنہ اور ملک آصف بھی برآمدے میں بھاگتے کمرے میں آوارد ہوئے — اور جب تک ملک آصف کی چار گولیوں کے فائر کار پر نہ ہو گئے اسے کچھ بھی سمجھ نہ آیا —

ہوتے ہواتے، گنتے گناتے، بڑھتے گھٹاتے، لوٹتے لٹواتے، جوڑتے جڑاتے خرچتے بچاتے پارو اس گھر کی بہو بن گئی تھی — وہ جس گھرانے سے آئی تھی، وہاں لوگ سکیموں کے سہارے زندہ تھے   رپوٹیں ان کا لہو گرمائے رکھتی تھیں۔ نفع نقصان ان کے سانس ناہموار کرنے کو کافی تھے۔ پارو بہو نے اس حویلی میں آکر دیکھا — وقت بالکل ساکت تھا — برآمدے میں شہد کی مکھیاں آنند سے گھومتی رہتیں۔ بڑی ملکانی جی، ہاتھ میں تسبیح لئے گردن نیہوڑائے دونوں گھٹنوں پر ہاتھ دھرے ریڈیو لگائے نجانے کس صدی سے ایسے ہی اونگھ رہی تھیں۔

"سورج گرہن ہے بہو بیٹھ نہ جانا — کیا پتہ بچے کے کس انگ کو گرہن لگ جائے۔"

لیکن پارو بہو سوچ رہی تھی کہ گرمن تو شاید اسی روز لگ گیا تھا جب اس نے بے دھیانی، سرخوشی یا بے وقوفی میں آ کر جیلی فش گل رُخ سے شادی کر لی تھی؟ وہ گل رُخ کو زندہ دیکھنا چاہتی تھی، وہ نامرد نہیں سرے سے مردہ تھا۔ پارو بہو نے پہلے دلار سے، پھر پھٹکار سے اور آخر میں الزام لگا کر گل رُخ کو زندہ کرنا چاہا۔ وہ زندگی کو انجوائے کرنا چاہتی تھی اور گل رُخ اس کا بوجھ کندھوں سے اتار پھینکنے کا آرزو مند تھا۔

پارو کا گھرانہ دولت میں کسی سے کم نہ تھا۔ لیکن ان کے گھر میں دولت جیتی جاگتی تھی، دوسروں کو بھی سونے نہ دیتی اور خود بھی آنکھیں کھولے پڑی رہتی۔ اس کے اباجی کی جیبوں میں اتنے پیسے نہیں تھے جتنی سکیمیں تھیں۔ وہ ہر چھ ماہ بعد نیا کومپلکس، نئی بلڈنگ، نئے مینوفیکچر کو مارکیٹ میں پھینکتے تھے۔ یہاں دولت آندھی کی طرح اڑائے پھرتی لیکن حویلی کی امارت نے کبھی گل رُخ کے گھر والوں کی نیندیں اچاٹ نہ کی تھیں۔ پارو بہو تو ماچس کی تیلی جیسا اثر رکھتی تھی کہ جدھر جاتی پھونک اُڑاتی۔ پارو کا خیال تھا کہ وہ گل رُخ کے منہ سے پشتینی دولت کی تمام چوسنیاں نکال پھینکے گی۔ اس کے اپنے گھر میں تو بنک بیلنس نے اتنی ٹنشن پیدا کر رکھی تھی کہ وہ لوگ بیٹھ کر تسلی سے کھانا بھی نہ کھا سکتے تھے ـــــ اِدھر آئے اُدھر گئے۔ یہاں بیٹھے، وہاں اُٹھ کھڑے ہوئے۔

گل رُخ سے آنکس فراوانی اور شہنشاہ مزاجی نے محنت کی تمام آسائشیں چھین رکھی تھی۔ پارو آنکس مارتی، وہ کروٹ لیتا اور پھر سو جاتا ـــــ شروع شروع میں پارو نے اپنے بزنس مین والد سے کئی فیزیبلٹی رپورٹیں بنوائیں۔ کئی فیکٹریوں کے منصوبے بنا کر لائی لیکن گل رخ پیسے کی بڑھوتری سے خوفزدہ تھا۔

وہ سوچتا ابھی میری زندگی کا کوئی مصرف نہیں اگر فیکٹریاں مایا داس بن گئیں

تو پھر میں کیا کروں گا۔

"ہم ہسپتال بنوائیں گے، سکول کھولیں گے ـــ ذہین طلباء کو وظیفے دیں گے گل رُخ"، پارو ہواکساتی۔

"میں کسی شخص میں اتنی دلچسپی نہیں رکھتا کہ اس کی فلاح کے لیے کوشش کروں ـــ"

"چلو تم کسی شخص کو قتل کر دینا اور ساری عمر مقدمے لڑنا ـــ"

"میں جو مشکل سے ٹائیلٹ جاتا ہوں مقدمے کیا لڑوں گا پارو بیگم؟"

"تو پھر .... تو پھر بغیر کسی کام کے صرف عورت، شراب اور بندوق کے سہارے اتنی لمبی عمر کیسے گزرے گی ـــ؟"

"جیسی میرے باپ دادا کی گزر گئی پارو .... جیسی میری دادی کی گزر رہی ہے"۔

کہیں پھر کوئل کوک رہی تھی اور برآمدے کی زرد روشنی میں ملکانی نور افشاں، ہاتھ میں تسبیح لئے اونگھنے میں مصروف تھی۔ پتہ نہیں کیوں پارو کو اپنا باپ یاد آ گیا جو، اس سارے ماحول سے کتنا مختلف تھا؟

صبح تڑکے اُٹھتا اور نماز پڑھتے ہی گھڑ سواری کے لیے چلا جاتا .... واپسی پر ایک پیالی چائے کے ساتھ تین بسکٹ۔ اس کا سارا دن گھڑی، روٹین اور ڈسپلن کے تابع تھا۔ اس میں سب محبتیں، نفرتیں، کام، فائدے نقصان، رشتہ داریاں اپنے اپنے مقام پر اپنی اپنی اہمیت سے تھے۔ کوٹھی کے تمام درخت ایک سے فاصلے پر تھے۔ تنوں پر چونے کا پانی تھا۔ سڑکوں پر بجری تھی، ڈرائیوے پر کبھی کوئی سگریٹ کا ٹکڑا، ٹافی کی پنی، کاغذ کی کترن پڑی نہ ملتی۔ یا وہ فنانس کی کتابیں پڑھتے یا ایسٹ انڈیا کمپنی کے گیزٹیئر۔ ابا سب کچھ بڑے اہتمام سے کرتے تھے، پریت سے نہیں۔ مقررہ کرسی، مقررہ برتن ـــ مقررہ ٹائم ٹیبل ـــ اس شخص کی تربیت یافتہ پارو کیلئے

ان سویٹ آف رومز میں رہنا مشکل تھا جہاں چیزوں سے لے کر انسان تک بے قاعدہ بے فائدہ لڑھکتے پھرتے تھے۔

کرائسس کی رات سے بہت پہلے کی بات ہے ایک روز پارو نے آخری بار آنکس سے مردار ہاتھی کی جلد ٹھونکی۔

"اٹھو کچھ کرو گل رُخ خدا کے لئے ــ کب تک پیتے رہو گے"۔

"کیا کروں؟ــ" کروٹ لے کر گل رُخ نے پوچھا۔

"تم ایک بچے کے باپ بننے والے ہو۔ کچھ اس کے لئے زندگی کے آثار پیدا کرو، اپنے بچے کے لئے کچھ زندہ ہو جاؤ"۔

"وہ بھی آ کر روتا رہے گا ــ رونے دو" پاگل گنجے مارلن برانڈو جیسا گل رخ بولا بڑی نفرت سے پارو نے کہا ــ "پتہ ہے تم مجھے اس نیرو کی یاد دلاتے ہو جو بنسری بجاتا رہا اور سارا روم جل گیا ــ"

"ہاں ہم دونوں میں مشابہت ہے ــ دونوں کے لئے زندگی بے معنی ہے"۔

"گل رُخ تم یہ مت سمجھنا کہ میں ہمت ہار دوں گی۔ میرے باپ کے نزدیک سک انڈسٹری کوئی چیز نہیں ہے، وہ ہر مردہ فیکٹری میں روح پھونک سکتا ہے"۔

"پھر؟ ــ"

"میں تمہارے متعلق ایسی افواہ اڑاؤں گی کہ تمہارے گھر کا بچہ بچہ زندہ ہو جائے گا.... تم اگر میرے بچے کے لئے زندہ نہ ہوتے تو میں تمہیں زندہ نہیں چھوڑوں گی۔ تم میں جلے پیر کی بلی آ بسے گی اور تم یوں لیٹنا، بسورنا اور ہوا خارج کرنا بھول جاؤ گے ــ"

ایسے ہی ہوا۔

پارو نے کاموں میراثن کی شہتوت رنگی کو بلا کر رازداری سے بتایا کہ

گل رُخ نامرد ہے اور اسی لئے پارو تنسیخ نکاح کے لئے کوشش کر رہی ہے۔ شہتوت رنگی نے یہ تو سوال نہ کیا کہ اگر گل رُخ نامرد ہے تو پھر پارو بہو کیسے بھاری قدم لئے برآمدے میں پھرتی ہے ــــ لیکن اس نے اس راز کو گیتو مہری کی بھانجی کو بتایا ــــ بھانجی نے بہشتی کی سالی سے بات کی۔ بریالی سالی نے پانچ مردوں میں قہقہہ لگا کر پرالی پھینکنے کے انداز میں بات کی .... اور سارے میں ڈھول تاشے بجنے لگے .... شہد کی مکھیاں پیغام لے کر آنے جانے لگیں۔ اور گل رُخ کی تھڑی تھڑی ہوگئی تب آمنہ ملکانی نے حکم دیا کہ بزنس مینوں کے گھر سے پارو بہو سے کوئی ملنے نہیں آسکتا۔ اگر کوئی آیا تو واپس نہیں جاسکے گا۔ وہ جس دم سے پارو کو مارنے کا دل ہی دل میں عہد کر چکی تھی۔ وہ تو کبھی کا پارو کو ختم کر دیتی ــــ پر پوتے کی آس نے پارو بہو کی زندگی بچائے رکھی ــــ

اس رات جب چوری چھپے پارو کا ذہین خوبصورت بھائی کھڑک ٹاپ کر اسے ملنے آیا تو وہ تڑپ گئی۔

"تم کیسے آئے ہو ماجد ــــ تمہیں یہاں کس نے آنے دیا۔ جانتے نہیں یہاں کے حالات کیسے ہیں؟ تمہیں کوئی مار دے گا بیوقوف"

"حویلی سے باہر کار کھڑی ہے ــــ درختوں میں سے چھپ کر آیا ہوں۔ چلو .... ابھی وقت ہے آبا نے بلایا ہے ــــ

پارو بہو نے خاموشی سے اٹیچی میں

سامان رکھا۔ اس کے بھائی نے ابھی ایک جوتا جراب اُتار کر پتلون کا ایک پائنچہ وضو کرنے کے لئے اُٹھایا تھا کہ دروازہ دھڑ دھڑایا ــــ

پارو بہو نے دروازے کی جھری سے دیکھا اور پھر بھائی سے بولی ــــ "

"بھاگ جاؤ ــــ گل رُخ نشے میں ہے، تمہیں نہیں پہچانے گا مگر ملکانی کے کارندے

نہیں نہیں چھوڑیں گے۔ بھاگ جاؤ — ابھی اسی وقت"۔

ہوتے ہواتے۔ سمجھتے سمجھاتے، کھجتے کھجاتے، جلتے جلاتے، ملکانی نورافشاں آخر کو برآمدے میں رہنے لگی جیسے دھوپ کبھی ادھر کبھی اُدھر برآمدے میں سائے چھوڑتی ہے، اسی طرح بڑی ملکانی کبھی اپنی کرسی ستون کے پاس، کبھی منی پلانٹ کے قریب اور کبھی قدآدم آئینوں سے بچ کر کھسکا لیتی لیکن رُخ اس کا ہمیشہ ملک آصف کے کمرے کی طرف رہتا۔ یادوں نے اس سے آنکھ مچولی کھیلنا شروع کر دیا تھا۔ وہ ملک آصف کے والد کا چہرہ یاد کرنا چاہتی لیکن وہ اس کے ذہن کی سکرین پر نہ آتا۔ کمروں میں گئے لوگوں کی آوازیں اسے چونکا دیتیں۔ جوانی میں وہ چوہوں سے ڈرتی تھی، اب اسے موت سے خوف آتا تھا — وہ دنیا میں کسی چیز، واقعہ انسان کی منتظر نہ تھی پھر بھی آنے والی موت ہر حادثے، سانپ، بیماری، آفت، زلزلے سے مہیب تھی .....

وہ بہت باتیں یاد کرنا چاہتی تھی پر واقعات کا سرا ملنے سے پہلے اسے اونگھ آجاتی۔ وہ کئی چہروں کے نام یاد کرنا چاہتی اور کئی ناموں کے چہرے بھول گئی تھی۔

ساری زندگی کا سفر برآمدے بس ایک کرسی کے سفر سے زیادہ نہ تھا۔ کبھی یہاں سرکالی، کبھی وہاں اُٹھا کر رکھ دی۔ اگر کوئی اہم واقعہ تھا تو وہ ڈیکوریشن پیس کی طرح گم سم سجا تھا۔ نہ ہلتا تھا نہ بولتا تھا۔

جس روز سورج گرہن لگا اس روز دادی نورافشاں نے آسمان کی زرد روشنی دیکھ کر کئی بار لاحول پڑھی۔ ہر بار جب۔ یا رو بہو برآمدے میں آتی تو وہ کہتی — "قینچی سوئی کو ہاتھ نہ لگانا یار و بہو، کون جانے آنے والے پر کیا اثر ہو"۔

نجانے وہ کب کی بات تھی؟ ــــ دادی نے سوچا جب ایک بھیانک چیخ کے ساتھ پارو بہو اپنے کمرے سے نکلی .... کچھ مزارع گل رُخ کو اُٹھائے سیڑھیاں چڑھ رہے تھے۔ پھر آمنہ ملکانی بغیر دوپٹے کے سینہ کوٹتی آئی۔ جس وقت مزارعوں نے سیاہ مرسڈیز میں سے نکال کر گل رُخ کی لاش کو ملکانی نور افشاں کے پاس تخت پوش پر ڈالا ــــ اچانک سورج گرہن میں سے نکل گیا اور سارے میں سورج کی روشنی پھیل گئی۔

تخت پوش کے گرد آمنہ ملکانی، پارو بہو اور ملک آصف کھڑے تھے۔ دادی گل افشاں نے اپنے بدانتظام آصف کو دیکھا۔ وہ سوچنا چاہتی تھی کہ اس کے باپ کا چہرہ کیسا تھا لیکن اسے کچھ بھی یاد نہ آرہا تھا پھر اس نے پوچھنا چاہا کہ گل رُخ اچانک کیسے رخصت ہوا؟

کیا اس نے خودکشی کی؟

کیا کسی دشمن نے مروا ڈالا؟

کیا کوئی حادثہ ہوا؟

لیکن پھر ملکانی نور افشاں نے پارو بہو کی طرح لب کاٹا اور آمنہ ملکانی کی طرح رونے لگی۔ ایک عرصہ ہوا اس نے سوال پوچھنا بند کر دیئے تھے۔ اسے معلوم تھا کہ سوالوں کا جواب کبھی نہیں ملتا ــــ تسلی ملتی ہے، جھوٹ حاضر کئے جاتے ہیں لیکن سوال ادھورے رہتے ہیں ــــ پھر دادی نور افشاں نے اپنی اتنی لمبی زندگی کو ایک سانس میں دیکھ کر سوچا۔

پوچھنے کا فائدہ بھی کیا ہے؟ اس دارالفنا میں ہوتا ہوا تا کچھ نہیں ــــ بس آدمی پھیرا لگانے آتا ہے۔ آتا ہے اور چلا جاتا ہے اور اس آنے جانے کے درمیان ہنستے ہنساتے، روتے رُلاتے، چلتے چلاتے کچھ ایسے واقعات ہو جاتے ہیں

جن کا اصل مطلب کچھ نہیں ہوتا .... کسی کو سمجھ نہیں آتا۔ بھلا وہ انسان جو صرف آتا ہے اور پھر چلا جاتا ہے، کچھ سمجھنے کی کوشش بھی کیوں کرے؟